致每位讀者：

　　這不是一本看完闔上後可以塵封進書櫃的書，請遵循下列規則閱讀：

一、請在拿到書的一個月內閱讀完畢；

二、請在留言頁簽名並寫上日期，可以的話也留下幾句話，
　　　給接下來的讀者們；

三、將這本書拿給有興趣閱讀的朋友，並請他們重複步驟一
　　　至三；

四、如果不知道要傳給誰，可以試著拿給本書的首位閱讀者，
　　　或是跟「空屋筆記」聯絡。

　　這本書將因為各式閱讀的痕跡，而漸漸變成一本無價書。

空屋筆記

免費的自由

楊宗翰　著

序

　　在我們這個世代，從小被教育著必須不斷與人競爭、不斷往上爬，才有可能存活下來。食物很貴、東西很貴、房價更貴，我們必須死命的工作、賺錢，然後買這個、買那個。但同時，我們消耗了一大堆資源買來的東西，往往卻沒有被好好的利用，買回來的東西過沒多久就成了家中的垃圾，占據著我們花錢租來的狹小空間。

　　食物越生產越多，浪費掉的也越來越多；房子越蓋越多，住得起房子的人卻越來越少；文明越來越進步，我們卻一點都沒有過得比以前開心。

　　在我眼裡，問題並不是出在人們的自私。

　　對我來說，多數人之所以視錢如命，並不是因為他們內心貪婪，他們其實就只是想要過更好的生活，而金錢，是他們唯一知道的方式。

問題並不在於金錢，而在於金錢成了一般人心中唯一的選擇，這才是問題。

　　我人在國外的時候，曾跟著一群不上班、不花錢，盡可能不消耗資源的無政府主義者們一起生活。那些人身上都沒什麼錢，卻能在都市裡頭自在的活著，並且有非常多的時間，能夠幫助其他人。我們成立了一個免費商店，邀請大家把家裡閒置的東西帶過來，並且自由取用自己需要的東西。

　　那些人的理念深深影響了我，那是我想嘗試的方式，一種不需要很厲害、很有錢、很有權力，而是任何人，都能夠做到的改變。

　　回到臺灣後，我開始撰寫那些人們的生活方式，我開始想在臺灣各地成立無數個小小的免費商店，並將免費商店那種以無條件贈送來取代金錢或是交換的概念，套用到東西以外的其他地方。從東西到食物、技能、交通以及住宿等等，其實都有不用花錢、不用消耗資源、而且很好玩的替代方式的。

　　我想透過這種不需要任何成本的行動，讓原本會被浪費掉的資源，能夠有機會被好好利用，同時也從各方面降低人們在這個社會上生活所需要的基本開銷，讓人們得以從金錢的束縛中解脫出來。我想要讓大家知道，我們絕對有辦法用更少的資源過著更好的生活。而且重點是，這是大家都做得到的事情。

　　然而在許多人的眼裡，臺灣是個鬼島，臺灣人很冷漠、很自私，我講的這些東西似乎太不現實了。於是，我開始在臺灣環島，無條件幫忙任何人做我能做的事情，然後，真的不斷有人願意不求回報的幫助我，讓我搭便車或是邀請我去吃飯，我開始記錄這些車主的故事，讓大家重新去看待這些常常被我們當成是壞人的陌生人。

　　嚴格說起來，我只是一個到處講話、寫文章的部落客，能夠影響到的人，也只有平常關注我的人而已，但是在一連串「白吃的野餐」活動後，開始有人，自行在各地舉辦免費市集或是免費商店，從去年到現在，在全臺各地已經有二十幾個自發性的免費商店和市集，而他們才是有辦法影響到那些叔叔、阿姨、老人或是小孩等我接觸不到的族群。

因為我們的理念是盡可能不投資任何成本，而且大家都把這件事情當成是遊戲，而不是工作，所以不會感到有壓力，也沒什麼好擔心失敗的。

　　但是，如果當這樣概念的地方越來越多，如果食物、物品、交通、知識這些原本我們覺得一定要用錢買的東西，都漸漸有了替代方案，人們在這個社會中所需的基本開銷可能也會越來越低。當大家發現不用逼著自己做薪水高、自己卻不喜歡的工作，但還是可以輕鬆自在生活的時候，他才有可能去思考，是不是可以去做一些也許收入比較低、但是他真正喜歡的工作，或是他覺得真正有意義的事情。

　　當人們不再被金錢制約時，他們才能真正的自由，做自己想要做的事情，然後把錢花在真正重要的地方，並且做最有效率的應用。

　　現在，我把之前部落格的內容都收錄在這本書裡頭，這不是一般的書，而是一本無價書。這本書自由定價，要付多少錢就付多少錢，但是這本書只能夠被拿來閱讀，不能夠被擁有，

我們希望讀者閱讀完後，在空白頁簽名、留言，然後把這本書拿給下一位想讀的人，並請他看完後同樣簽名留言，再傳給下一個人，這樣一來，這本書不會因為被第一個人看過了就變成二手書，反而會因為被不同的人看過、留下不同的痕跡，即便是原本相同的兩本書，最後也會因為被不同的人閱讀過而分別成為獨一無二的無價書。

　　我想透過這樣的模式，用最少的紙張給最多的人閱讀，也讓人們看看出版的另外一種可能性。

　　真心希望這本書的內容能夠讓你們多少有所收穫。

　　　　　　　　　　　　　　　　　　　　　　　宗翰

（編註：為配合書店結帳作業，若您在書店購買本書，將依封面標示之定價銷售。想支持無價書計畫的朋友們，歡迎到「SOS募資平台」支持空屋筆記的寫作計畫。）

網址：https://sosreader.com/project/house_note/

目錄 ─────────────

第一章、占領屠宰場

☆ 沒宿舍住的交換學生

「我聽說那個地方之前出了一點問題，原本的入口現在有警衛守著，你們如果堅持要進去的話，要走另外一條路……」在薩格勒布大學（University of Zagreb）社會科學院門前，一位留著鬍子、綁著辮子，看起來充滿次文化歷練的學長，正跟我和莉亞說明要怎麼進去那間傳說中的社區。

「如果最後還是沒辦法進去的話，我們今天就找個空曠的地方露營吧！我有帶撲克牌！」莉亞拍了拍她的背包，似乎裡頭還藏了許多法寶。我完全不介意露營，只是心裡覺得好笑，一個土生土長的薩格勒布人，怎麼不住在自己溫暖的家裡，反而跑到附近露營？

「他們一定會覺得很好笑，怎麼會有交換學生來這邊念書，結果卻沒有宿舍住，必須淪落到跟我一起胡鬧呢？」我還沒有開口酸莉亞，就先被她調侃一番。但她說的對極了，跟一個住在自己家鄉卻想要離家出走的人相比，我千里迢迢從地球另一端跑來克羅埃西亞當交換學生，卻落得只能在這城市裡到處流浪，荒謬的程度根本更勝一籌……

大三暑假那年，我放棄了到美國參訪的補助，跑到德國旅

行。一路找沙發客跟打工換宿，從德國搭便車到丹麥、瑞典，最後再回到德國，結束了兩個月的行程，最後再坐上十幾個小時的跨國火車，到克羅埃西亞準備開學。

不過當我在瑞典時，卻收到了一項噩耗。兩個月前，薩格勒布大學要我們填寫申請宿舍的表單時，我乖乖的將表單完整填寫後寄回學校，並跟學校確認收到了，然而我卻沒注意到那張表單最下方還有一行小字：「除了寄回給學校外，請再另寄一份給宿舍的 XXX 先生。」

我完全沒有看到那行附註。結果，就演變成學校方面有我的住宿資料，但是宿舍那邊卻沒有安排我的床位。

「該死！竟然沒有宿舍住！」得知這項消息後，我不禁在心裡暗自罵著。

☆ 我在克羅埃西亞的保母

騎著腳踏車，我們找到了那位學長口中的希爾頓飯店，飯店旁有間購物中心。到飯店後方的停車場旁將腳踏車停好後，我們找到柵欄末端的空隙鑽了進去，映入眼簾的是一片雜草叢生的空地，往裡面走個幾步，景色瞬間從原本典型的歐洲商業

區，轉變成蕭條荒蕪的荒野，而這裡竟然還是首都的市中心。約莫走了一百公尺，跨過一道矮牆，終於看到斑駁的紅磚人工建築物——一座髒髒亂亂的廢墟。

突然間，耳邊突然傳來兩個人的交談聲，我和莉亞倆反射性的鑽進紅磚屋裡躲起來。在這一刻，我們都處於一種面對未知處境、帶點恐慌但又異常興奮的狀態，深怕一不小心被警衛發現，我們的探險遊戲就要「Game Over」了。幸好那兩個人沒有發現我們，繼續往外頭走去。

「如果被警衛發現，我們可能就會有麻煩了。」我鬆了一口氣。

「不不不！有麻煩的只有你，你這一張明顯是外地人的東方臉孔，絕對會引起警察的高度興趣。」莉亞靠在紅磚牆，一邊觀察周圍情況，一邊還不忘嗆我，接著就逕自往外走出去了。我挑起眉看著她的背影，這個昨天才跟我第一次碰面的克羅埃西亞女孩，似乎完全忘了自己正是把我拖來這邊的元兇。

雖然我們昨天才初次見面，但其實已經認識超過半年了。

2012 年 3 月，我收到了克羅埃西亞的交換學生錄取通知，但是當時對克羅埃西亞完全沒有半點概念，身邊也沒有任何一個對這個國家有所了解的朋友可以詢問，於是我便從「沙發衝

浪」（Couchsurfing）上找到一些二十多歲的年輕人，寫信給他們，簡單介紹說我是即將要去他們學校交換的學生，想先了解他們的文化，請教他們有什麼事情是要事先知道之類的。

大部分的沙發客都有回覆我，並且跟我分享許多非常有用的資訊。而莉亞是當中唯一持續保持聯繫的沙發客，我們會聊彼此國家的文化，以及彼此旅行的經驗，就這樣，成了「沙發衝浪」上的筆友。

之後我在德國搭便車時，她也幾乎在同一時間嘗試她人生中第一次的搭便車旅行，我們也分享了一個比一個還扯的便車故事。跟「沙發衝浪」一樣，「搭便車」讓我們重新相信，那些從小到大一直被教育著不應該相信的陌生人們。來回上百封的 email，雖然彼此從沒見過面，卻早已熟到不行。直到前一天，莉亞從斯洛文尼亞回來，我住到她家的那一刻，我們才真正的見到彼此。

「應該就是這附近了吧？」我們找到了一棟充滿塗鴉的二樓建築，最明顯的就是那兩個分別代表「占領空屋」跟「無政府主義」的正字標記，一個突破圓圈的 N，以及在圓圈裡的 A。

二樓的其中一扇窗戶上，掛在外頭的裸體塑膠人偶，用著空洞的眼神望向我們兩位造訪者——氣氛儘管詭異，不過應該

就是這裡了。門是上著鎖的，敲門沒有回應，我們便在周圍邊走邊研究該怎麼辦。

「你們要幹嘛？」突然一個聲音從屋頂傳來，他顯然早就發現我們了，只是之前一直沒理我們而已。莉亞跟他們說明我們想進去，那個聲音接著又問我是誰，我跟莉亞互看了一眼，她聳聳肩，將雙手放在嘴邊當擴音器對著上面大喊：「我是他保母！（I am his babysitter.）」

☆ Squat in Klaonica：在屠宰場裡深蹲？

「哈哈！去他的宿舍，你不需要那種東西啦！你可以用『沙發衝浪』到處游牧，或是跟我一起去住『Squat』當我室友……」這是莉亞知道我宿舍落空後給我的回覆。

她跟我提過那個屠宰場，她說那是一個正在嘗試自給自足的社區，像是自己蓋房子、種菜、養雞之類的。我當時還以為是一個叫作「Squat」的生態村，想說怎麼會用「深蹲」當作名字，直到 Google 之後才發現，「Squatting」還有占領空屋的意思，只要是「人們在沒有租賃、所有權或是其他合法承認的條件下，占領、使用一個空間」，都可以稱作「Squatting」。

貧民窟（Slum）廣義上也是一種占領空屋，但就一般來說，會被人們稱作是「Squat」的地方，通常不是指那些因為沒錢買房、租房，不得已只好找個廢墟窩著的人們，而是指像這間屠宰場這類由特殊意識形態的年輕人們自願住進來，比較政治性質的空屋社區。

這間 Squat 叫做「Klaonica」，就是克羅埃西亞文「屠宰場」的意思，這整個廠區之前是一間肉品公司，從這個跟大學校區差不多大的規模來看，當時一定頗富盛名。然而，隨著他們從社會主義走向私有化，產權也從原本由員工共有的屠宰場，逐漸一步一步集中到少數幾個人身上。

隨著當地的發展，這處屠宰場本身的地產價值逐漸攀升，早已遠超過這個事業本身的經濟價值，屠宰場本身的形象實在不適合座落在首都的商業區內，所以他們決定把屠宰場收掉。

不光是屠宰場裡上千名的工人因此被裁員，連帶周圍一大堆做罐頭的工人、賣飼料的商人、運送牲畜的司機，這些相關產業也跟著都失去工作。但同時，周圍的房價也跟著飆高——讓這處屠宰場變成廢墟，反而是帶動周圍經濟效益的主要因素。只是，當地經過二十年前的一場戰爭，以及獨立後腐敗官僚的胡作非為，搞得這片屠宰場的土地所有權一整個莫名其妙

的複雜起來，這塊被稱作全巴爾幹半島中最昂貴的一筆土地待售案，就這樣被閒置了幾十年，到現在成了一個占地數公頃的巨大廢墟。

「聽說有人兩年前發現了這個廢墟，然後就把這邊占領下來，開始整修這些破舊的廠房，還搬來許多家具。他們原本只是需要一個可以辦音樂會的派對場所，結果大家後來乾脆住在這裡了，平常大家忙著整修房子、煮飯、種菜等，偶爾辦一些免費的活動邀請大家過來玩，他們是一群沒在上班、但是卻認真在工作的人，這樣子的生活對我來說有意義多了，所以我也想搬來這邊住……」莉亞當時如此向跟我介紹這些 Squatters。

在一個像是倉庫的房間裡，循著樓梯走到所謂的「入口」——一扇開在樓梯上方的窗子，我們必須踩在樓梯的欄杆上，鑽進相隔一公尺多的窗戶才能進入，這種神祕的入口對我們來說再好玩不過了。爬出了窗戶，踩上平臺，終於抵達了這個即將陪伴我四個月人生的……家？

☆ 屠宰場的「老大」

我們腳下踩著的平臺，正是剛剛進來那個倉庫的屋頂，平

臺兩邊分別是兩道突起的二樓建築，而這間 Squat 裡大部分的人，就在其中一邊的二樓生活。當下大概有七、八個人走動著，搬木材的、敲釘子的、鋸木頭的，大家都有注意到我們，但都只是衝著我們笑了笑就繼續做自己的事情。我們倆在平臺晃了一圈，隔壁二樓的屋頂上方突然冒出一顆人頭：「嘿！就你們！我們老大在客廳裡頭，先去找她聊聊吧！」

我們從平臺上一扇根本就是窗戶的門進入客廳，甫進門，就像是觸發了什麼陷阱按鈕一樣，客廳中五、六隻大小長相各異的狗狗們，相繼對準我們兩人「發射」過來。下一秒，我們便被這群狗狗淹沒了。

「可樂回來！小心一點，這些狗兒很危險，牠們不會咬人，但是可能會把你們舔死。」聲音的來源，是位盤腿坐在沙發上的黑衣女生，頭髮上捲著一圈又一圈的嬉皮辮子，正張開雙手將那隻可樂和另外一條有點像柯基的大頭狗抱在懷裡親吻。我跟莉亞也跟著坐上沙發，開始跟這位大家口中所謂的「老大」聊天。

其實這間 Squat 並不真的存在著老大，所有重要的事情都是大家集合討論以後共同決定的，大家對安東尼亞這個不到二十歲的小女孩稱呼老大，是因為她是兩年前第一個搬進來這

邊住的人，當時她才高二。

「你們之前是不是出了什麼問題？為什麼有人告訴我們這邊被關起來了，而且還有警衛？」莉亞問她。現在我們三人身邊都各自躺了一、兩條狗讓我們當沙發枕。

「一群白癡酒喝太多，走路走不穩還在外面到處晃，結果就有一個傢伙從平臺那邊掉了下去摔斷手。你們也知道，克羅埃西亞這邊到處都是喝酒鬧事的人，只是我們這裡比較敏感，別的地方怎麼樣都無所謂，我們這邊只要一出事，大家就會說：『屠宰場這邊都是喝酒鬧事的人。』這類亂扣帽子的事，這邊的地主也就逮到了機會，想要把我們趕出去，所以切斷了這邊的電線，還派了幾個警衛在門口，不讓別人進來。然後幾天前，我們終於把那幾個賴在我們這邊的嬉皮趕了出去，他們整天就待在 Squat，也不跟我們一起工作，只會跟我們要錢去買酒，還把我們養的那幾隻雞拿去賣掉……」

安東尼亞喋喋不休數落著之前的幾個占屋者，我突然注意到她雖然主要對著莉亞講話，但從頭到尾都是用英文交談，而且英文流利到不像是個受一般教育的非英語系高中生。

「因為某些緣故，我們跟市政府那邊的關係還不錯，所以地主他們之前想告我們也沒有用。市長說，只要這間屠宰場的

土地還沒有被賣掉，他們就沒有權力去拆這間屠宰場，也沒有理由可以把我們這些人趕走。」安東尼亞把捲好的菸點燃，吸了一口後對我們倆眨了眨眼。

離開客廳後，我跟莉亞穿過陰暗的走道來到客房，順著梯子爬到上方的小閣樓，他們竟然可以一邊占領空屋，一邊在空屋接待沙發客。

「所以，你覺得如何？」莉亞放下她的背包然後問我。

「占領空屋」基本上算是對財產權的侵犯，我認同 squat 絕對是一種違法的行為，但是當這個社會已經有這麼多人買不起房子，財團卻買下整塊位在黃金地段的工廠或空地放著不管，等待它增值賣掉，而且一放就是十年、二十年。建設公司不斷使用重劃的名義，拆掉正住著人的舊房子蓋新大樓，原本已經買不起的地段，現在變得更貴更買不起，許多房子就被閒置在那裡。我們居住的空間越變越多，但住得起房子的人卻越變越少，買的起那些大樓、豪宅的年輕人有幾個？又有幾個是真正需要一個居住空間的？

環顧這個陰暗殘破卻隨處可見塗鴉及創作的環境，我將背包放了下來，躺進這個明顯是從外面撿回來的廢棄床墊回答莉亞：「管它的！反正這個地方一定比宿舍好玩多了！」

「我們在來到這個世界以前，
都曾 Squat 在我們老媽的子宮裡不是嗎？」
——安東尼亞

第二章、文明以外的生活

☆ 瓦斯是什麼鬼？要煮飯了快去生火！

傍晚，天色漸暗，我們回到客廳去幫忙準備晚餐。那些食材不知道是誰買的，各種蔬菜的組合比例實在有夠詭異，要拿來當主食的馬鈴薯只有少少幾顆，配上一些奇形怪狀的紅蘿蔔、洋蔥，以及數量多得嚇人的甜椒。

「為什麼要放這麼多的甜椒啊？」

「可以的話我想放很多的紅蘿蔔和馬鈴薯，可惜我們沒有。這些甜椒有些地方壞掉了要割掉。」一位大叔這樣子跟我說。

他的回答顯然沒有解答我真正的問題：「為啥要買這麼多的甜椒啊？」我一邊想，一邊看著一旁正在削紅蘿蔔皮的莉亞。這時候，突然有人遞了個玻璃杯到我身旁，杯子裡頭半透明的東西卻不是液體──是蠟燭，這才讓我想到，剛剛安東尼亞有提到，這邊的電力已經被剪掉了，所以晚上根本沒有電燈，只能夠點蠟燭。

看著我手中的蠟燭杯和果醬罐，人家是果凍蠟燭，這裡是果醬罐蠟燭，熔掉的蠟還得回收做成新的蠟燭繼續使用。到了晚上，原本就黑暗的走廊兩旁，每隔幾步就擺上果醬罐蠟燭，

每個人也得隨身拿著一罐蠟燭才能上廁所。

　　沒電……我突然發現另一個問題。

　　「那你們這邊有瓦斯嗎？」我問剛才那位大叔。他很顯然是這一頓晚餐的負責人，此時他已經將鍋具拿出來了。

　　「瓦斯是什麼鬼？要煮飯了，快去生火！」煮飯大叔的字典裡，似乎根本沒有「GAS」這個英文單字，他用菜刀指了指客廳裡的一個爐子，裡頭正燒著微弱的火焰，爐旁有根排氣管接在牆上，從室內通到屋頂。牆壁上畫了一個戴著防毒面具的人，臉上很倒楣的被插著這根排氣管。我跟著安東尼亞的男友到工作室裡整理木材，其實就是把一堆他們早前蒐集來的樹枝與廢木料踢斷，讓那些木材的長度足以放進那個烤爐裡。

　　抱著木材回到客廳，其他人也都已經結束工作，在客廳休息、抽菸、泡咖啡了，煮飯大叔一邊在爐子旁料理晚餐，一邊跟大夥抬槓。他們全都講克羅埃西亞語，我除了不斷出現的那幾個熟悉的髒話單字外，其他的完全聽不懂，只好坐在沙發上聽他們講話。我突然聽到一個我會的單字，一個高大的型男正在跟莉亞自我介紹。

　　「Avion？那不是飛機嗎？」我帶著詢問的眼光問莉亞。

　　那個「飛機先生」聽到後，馬上笑著用英文回我：「我是

Alion，不是 Avion，不過你聽成飛機還算不錯，我最討厭有人把我的名字念成『Alien』（外星人）了。」他說完後，換我和莉亞爆笑。

晚餐終於煮好，大叔將鍋子拿到餐桌上，大家一邊分配餐具，一邊找地方坐下來。即便有燭光照著，我還是看不出盤子裡那一坨食物到底是什麼東西。從小到大，我們幾乎只有在生日的時候會為了想看見蠟燭的光芒，才會特地將電燈關掉，幾乎很少因為需要照明而點燃蠟燭，蠟燭早已成了象徵，而不再是照明的工具。但在這裡，蠟燭仍然沒有失去它的地位。我拿起湯匙，盛了一口香味四溢但幾乎看不見的食物吃進嘴裡，嗯！好吃！

☆ 我住希爾頓飯店後方，但這邊沒水沒電

沒有電的生活，一開始雖然滿新鮮的，但是沒過多久我就認清了現實：實在是太無聊了！沒辦法用電腦、什麼東西都看不到，就算拿著蠟燭還是很暗，難道真的要像古人一樣在燭光下苦讀嗎？

此時我才注意到莉亞真的躲在角落，拿著果醬蠟燭看一本

她在希臘的垃圾桶裡撿來的土耳其文字典。我一想到之後搞不好也得像莉亞現在這樣,在燭光下準備期中考和期末考,突然有點哭笑不得。

「喀嚓!」莉亞冷不防的在黑暗中對我拍照。這已經是今天第四次了,因為她的手機在羅馬尼亞時不見了,於是從那個時候開始,她要看時間就得用她的相機拍張照,然後看一下那張照片的時間。

「還不到八點耶!」莉亞看著那張模糊到不行的照片喃喃自語,我則是鑽進睡袋裡開始睡覺。八點……我從來沒有想過這輩子會有因為沒有電燈看不到東西而這麼早睡的一天。大學時經常整晚坐在電腦前,事後卻不知道自己當時在幹嘛。身處在一座沒有半個電源開關的屠宰場,我開始想念電燈。

大概睡了一、兩個小時,在迷茫中被莉亞叫醒,說什麼要去裝水,然後等下有好玩的活動。摸黑下床到了走廊,只聽到一陣乒乒乓乓的聲音,莉亞、飛機型男還有煮飯大叔分別拿了好幾個空水桶往樓下走去,他們沒有拿蠟燭,而是戴了綁在頭上的頭燈。原來這裡不只沒有電,連水都沒有。

打開門後,從空屋裡頭走了出來,有種從山洞裡走出來的感覺。屠宰場附近雖然沒有路燈,但是跟完全黑暗的室內相

比，夜晚的戶外其實非常明亮，甚至可以清楚的看見月光下的影子。

一道嘈雜的金屬滾輪聲將我的目光從影子拉回，飛機型男推了臺大賣場裡頭的紅色手推車走過來，將水桶放到推車裡。我跟他們走進夜間的屠宰場，這裡面非常黑暗，我在沒有手電筒也沒有蠟燭的情況下，幾乎看不到腳下的地面，深怕突然踩空或是踢到凸起物的恐懼讓我越走越小步、越走越慢。

「你們不用開燈也看得到喔？」我意識到身旁的每個人在黑暗中走得有多麼輕快。

「這邊很亮啊！我看得一清二楚。」煮飯大叔說。我們推著裝滿水桶的購物車來到屠宰場的另外一頭，將購物車推到一間看起來三、四坪大的獨立建物旁邊，打開頭燈後，一個人提著三、四個水桶進到有點濕滑的地下室內。所謂的「水龍頭」，原來是地下室裡四個巨大的自來水管線閥門旁，外接出來的水龍頭。我們將水桶裝滿後抬了上去，推著滿載水桶的購物車回去。

當我們回到屠宰場的主要建築時，一條超級長的水管從天而降，飛機型男把購物車裡頭我原本以為是垃圾的水管和那條從屋頂垂降下來的水管接上，再接回地下室裡的水龍頭。

「那個水管是要幹嘛的？」我問他。

「這些……」他指著我們推車上的水桶：「是拿來喝的。」

「那個……」他指向那條通向屋頂某處的水管：「是要存在水塔裡頭，給洗手台洗碗用的。」

「那廁所呢？」我想起廁所裡頭也有好幾桶水缸，我們上完廁所後得從水缸舀水來沖馬桶。

「沖馬桶我們通常用回收的雨水就夠了。」

☆ 那一夜，我們一起推著的購物車

歐洲大部分的國家，沒有像臺灣、日本這樣子丟垃圾的文化，克羅埃西亞有固定的大型垃圾回收日，大家會在當天晚上將垃圾丟在街角，垃圾車半夜再到各個街道去收拾。那天晚上正好是薩格勒布的大型垃圾日，因此我們裝完水後的行程，便是趁著垃圾車還沒來之前，到市區裡去「挖寶」。

我們推著手推車走向大門時，我突然覺得不對勁。

「那邊不是有警衛嗎？」我小聲地問莉亞，她聳了聳肩跟我做了一個鬼臉當作回覆。到了大門口，煮飯大叔逕自走向警衛室內打了個招呼，然後就把大門打開了。

「他們到底請警衛來幹嘛啊？」我整個有點傻眼。

「我們也不知道，應該說警衛自己也不知道是要來幹嘛的，屋主在的時候他們就要站在外面瞪我們，不在的時候他們就跑來我們這邊喝咖啡。怎麼樣？占領空屋還有警衛幫你顧門的感覺不錯吧？」煮飯大叔說完大笑，我們便這樣大搖大擺推著購物車，走到夜晚的大街。

我想到以後跟朋友們分享交換學生的故事時，他們大概會以為克羅埃西亞是一個充滿廢墟、晚上沒有電燈、要喝水得自己去打水、煮飯前得先劈柴生火的原始國家，我越想越覺得好笑。

晃了半個多小時，我們穿越火車站來到市中心的另一側，沿路上已經看到許多垃圾堆在街角，但是我們並沒有停下來，而是一路走到了國家劇院。

「我們得在十一點半左右抵達才行。」煮飯大叔這樣對我說。

「為什麼？」

「因為那間披薩店十一點半關門，你們先在這邊等一下。」他讓我們在劇院廣場外的長椅上稍等，自己走進一間街角邊的披薩店。不到三分鐘，他從披薩店走出來，並將一袋沉

甸甸的塑膠袋給我，裡頭塞滿了披薩、漢堡，還有占了七成以上的薯條。

「他們怎麼會送你這麼多食物？」我有點驚訝的問他。

「他們要關門了啊！這些都是賣不完準備要丟掉的，雖然都是些難吃的垃圾食物，但吃掉總比丟掉好。」煮飯大叔邊說邊從裡頭拿出一隻炸雞腿來啃。

我掂了掂手中這袋兩、三公斤重的「垃圾」，這是一間店每天要丟掉的分量……

回程時，我們開始認真觀察那些晾在街角的垃圾堆，我們翻到了一整箱的文件夾、一大疊幾乎沒動過的筆記本、一張原木的書桌，就只是抽屜的把手壞掉了。我們把整個書桌塞進購物車裡，然後拿了一些筆記本、文件夾，以及一堆莫名其妙的外文教科書。至於那些太巨大的沙發、桌子或床墊，我們就沒轍了。

「記得看到書的時候就要翻一翻。人類有種奇怪的習慣，喜歡把錢藏在書裡，然後藏到自己忘記。」

我們還撿到一面非常古典、裝飾華麗的鏡子，我實在難以想像怎麼會有人把藝術品丟在路邊。隨著我們邊走邊撿，購物車一下子就超載了。我們又發現了一大堆衣物，雖然我對來路

不明的衣物有些芥蒂，不過煮飯大叔直接就將一件外套穿在身上，然後問我那件外套好不好看？我突然想到家中那幾乎爆滿的衣櫥，絕大多數都是所謂備而不用的衣服，我平常會穿的，其實來來去去也就那幾件而已。

大夥推著購物車回到屠宰場，將車子推進倉庫，便先跑回客廳「分贓」食物了。除了那一間披薩店，我們還去了另外一間咖啡廳，拿了整袋的小點心——一種克羅埃西亞常見的一口酥，裡頭包著果醬、起司或是羅勒等。

冷掉的薯條應該是世界上最難吃的東西，我吃了一口便皺起眉頭來。

「喀嚓！」一聲，莉亞又朝著我拍了一張照片：「一點十分。」

我差點把嘴裡的薯條咳了出來，我早上還有課耶！

☆ 不事生產的勞動

早上，我爬出睡袋。

這張破舊到不行的廢棄床墊，睡起來遠比我想像中舒服，我們在床墊上鋪了一張毯子，然後裹在睡袋裡睡覺，這樣就算

是睡在地板上也無所謂。唯一比較令人難以習慣的，反而是旁邊同樣裹著睡袋呼呼大睡的莉亞。這間空屋住了七、八個人，裡頭就有三對情侶，跟這個克羅埃西亞女孩同一張床睡了好幾個禮拜，卻沒發生半點事情，我完全不知道自己該因此感到驕傲還是丟臉。

到餐廳抓了點麵包當早餐後，我走出屠宰場到遙遠的農業系館，接著上了兩個小時的動物倫理，便回到屠宰場。這個時候換莉亞上學去了，我便在 squat 內四處晃晃，看看有沒有我可以幫得上忙的。屋頂上，大夥們正忙著整修屋頂，他們得趕在冬天下雪前把屋頂蓋起來，不然積雪很可能會滲進充滿縫隙的天花板。

一個桶子被丟了過來，裡頭滿滿是帶著鏽斑的鐵釘，應該是他們從廢棄的木材上一根一根拔出來的。我的工作，便是把那些歷經波折、腰桿都打不直的鐵釘給「矯正」回去。拿著鐵鎚對著彎曲的釘子槌了幾次，鐵釘真的變直了。我將桶子裡頭上百根的鐵釘一根根拿出來敲直、分類，這樣他們就有釘子可以用了。

事實上，直接去買一桶全新的鐵釘，絕對比給一個工人最低薪資請他去回收舊鐵釘還便宜，而且還是全新的。但是怎麼

可以這麼做呢？明明有許多資源是可以回收再利用的，現在卻因為回收的成本太高而不做，寧願繼續消耗全新的資源，然後放任那些舊資源成為垃圾、造成汙染。回收給的錢太少，因此人們寧願買新的；如果調高回收的價格，又會有人專門用低價製造的「全新垃圾」來回收，這個問題還真是兩難。

終於將整桶的鐵釘敲完，我跟著煮飯大叔來到一個放了數十扇窗戶的陰暗小儲藏室，從裡頭東拼西湊的，挖出兩扇看起來比較合得來的木窗，搬到客房去把太大的地方削掉，然後敲敲打打費了好一番工夫，才將窗戶裝上原本跟外頭相通的窗格上。

煮飯大叔一邊用小刀削著木窗，一邊跟我說著料理各種食材所需的刀具，並說他以前一直想要在餐廳當廚師，只要有一把好刀，他就可以做出很棒的料理，但是當他講到一半時，表情突然沉了下來。

「不會有人想要用一個從監獄出來的人的……」煮飯大叔接著跟我說，他剛出獄的時候，心情非常低落，覺得自己什麼事都做不了，還被社會拋棄，到了屠宰場這邊，也是幾乎整天都賴在沙發上睡覺。

直到某天他心血來潮，覺得那個當時還是半開放式的客

廳實在太冷了，他就花了一整天的時間把門窗裝上去，讓風不再吹進客廳裡。當安東尼亞他們回來發現他的作品而感到讚嘆時，他才重新開始接受了自己，覺得自己的存在至少還有一點意義。

其實在我眼裡，這些被社會歸類為無業遊民、不事生產的占屋者，他們平常工作的辛勞，絕對不亞於一般朝九晚五的上班族。他們費盡心思與勞力，讓這間廢棄多年的工廠重新被利用：油漆、粉刷，接上管線跟水塔；花好幾個小時蒐集木柴、劈柴、生火煮飯；將那些被人們遺棄的家具拿回來擺設重新珍惜，想盡辦法將資源做最有效的利用。他們只是將絕大多數我們都外包給別人服務的事情，都攬在身上自己做，這些勞動就像家庭主婦一樣，儘管不能對 GDP 產生貢獻，然而我一點都不覺得他們是不事生產的人。

☆ 萊比錫的共產社區

屠宰場的環境破舊、昏暗，加上掃不完的灰塵，相信大部分的臺灣人在這種地方待幾個小時就很難受了，但我卻在第一時間很自然的將那些在廢墟裡跑來跑去的狗兒抱起來，一屁股

坐在沙發上，我想應該是之前在萊比錫共產社區的經驗，讓我對這樣的環境有了抗體。相較起來，我覺得這邊的環境甚至好過我們在萊比錫打工換宿的地方。

在東德許多地方，尤其是萊比錫，到處充斥著各種空屋的整修計畫，跟「占領空屋」不一樣，這是比較體制內的模式，年輕人可以編寫企畫書，然後向政府申請要入住哪棟空屋，順利的話，政府就會補助他們資金，甚至直接幫他們買下來。

當時萊比錫的社區就是這樣的案例，那是一間近三百年前的農莊，除了整修他們自己要住的老房子外，後方還有一塊小有規模的農田，用自然農法種植南瓜、番茄及紅蘿蔔等蔬菜。

我們一開始很不能適應，因為室內地板再怎麼掃地、拖地，永遠都還是灰塵。雖然進到室內要脫鞋，但其實大家整天赤著腳在田裡走來走去，才剛拖完沒多久，兩、三個人進來後，地板就髒回來了。

我們住的地方也很特別，是在對面那棟還沒整修好的房子，那邊有一間擺著吉他、樂鼓的練團室，以及一間空房間——一間超級需要被整理的房間，厚厚的灰塵加上超級斑駁的牆面，沒有水也沒有電燈，而且竟然還沒有門把，我們必須要找一個門把來裝才能開門。

有一次早上起來要開門時，對面的門把掉了，結果門怎麼樣都開不了，我們差點哭死，這才知道原來沒有門把而開不了門，是一件多麼恐怖的事。

當時我知道的還很少，但從踏進社區的那一刻起，就能感覺到這是一個共產社區，每個人有各自的分工：有人種田、有人蓋房子、有人帶小孩、有人煮飯。收入主要來自販賣他們種的有機蔬菜，他們跟萊比錫裡的都市人們合作，收取固定的費用，然後分擔風險，產量多就可以拿多一點，如果產量不好就拿少一點，有點社區支持型農業的感覺。

有趣的是，他們強制要求每個參與合作的都市人，每年必須找一段時間來社區工作，可以分成好幾次一天一天來，也可以一次過來一、兩個禮拜。當時有一個爸爸帶著他還在念小學的女兒一起來到社區，準備露營兩個禮拜，爸爸白天幫忙務農，女孩就「綁架」所有的貓咪到處去玩。

透過讓消費者到產地實際為農作物付出，不但可以增加農作物在他們心中的價值，也可以讓他們了解他們吃的食物是怎麼來的。最重要的是，這是比有機認證還要強而有力的健康證明。

如果消費者在田裡跟著農夫一起工作，了解他們吃的食物

是怎麼來的，他們就不會斤斤計較的把食物當成商品，只看價格而不看價值；如果農夫看到消費者願意彎下腰來跟他們一起工作，不用任何法律規範，他們也不會要施藥。

除此之外，最吸引我的是他們分配所得的方式。在我的觀念中，共產主義好像就是大家一起工作，一起均分勞動成果，許多人才會擔心有人偷懶，讓認真的人失去鬥志。但是，這邊的分配方式並不是所有人均分，也不是依照勞動量或是勞動成果分配，他們的錢竟然全都放在一個大桶子裡，要用到的人就自己去拿。需要多的人就拿多一點，需要少的人就拿少一點。

如果說，「所得均分」是馬克思共產主義的第一階段，那這種按需求多寡供應的模式，應該是大家一直以為不可能到達的第二階段吧！

吃午餐的時候，有一個大哥跟我聊天，談著他如何痛恨當代金融體系的種種問題，他說他這輩子絕對不會把錢放到銀行裡面。他認為正是那些沒有意義的金錢數字遊戲，搞得世界各個角落的人們明明這麼努力工作，卻過著越來越貧窮的生活。不過，當他聽到一段音樂從街角傳來時，瞬間停止了跟我

的對話，衝回去拿錢包出來，他說即便如此，金錢還是很重要的——為了買冰淇淋。

　　那算是我第一次跟反資本意識接觸，當時我什麼都不懂，仍抱著到處搭便車、跟沙發客聊天的旅行就是最棒的模式，但除了好玩、有趣以外，我也不太清楚旅行到底還能幹嘛！

　　離開萊比錫的當下，我並沒有太多感受，但隨著一路上越來越多人在痛罵歐盟、銀行，還有那些亂丟東西的人們，到最後踏進屠宰場的那幾天後，我才終於比較深刻的了解到，我之前打工換宿的是一個什麼樣的地方。這不一定是一個最完美的解決方式，但至少提供了「占領空屋」外的其他可能性，而這些可能性，也許是多數人沒有親身接觸便無法想像的生活。

多數人視錢如命，不是因為他們內心貪婪，
只是因為他們想過更好的生活，而那是他們所知唯一的方式。

當你不需要很有錢也可以過很舒服、很健康的生活的時候，
那貪婪還有什麼意義呢？

第三章、克羅埃西亞交換生

☆ 我眼中的克羅埃西亞大學生

就一個交換生來說，我自認為絕對稱得上是乖得最不像話的那一類。半年的交換期間，竟然都沒有離開克羅埃西亞到其他國家玩，我認識的大部分歐洲交換生，三不五時就往英國、法國、義大利等國家到處飛。

事實上，學校的課業一點都不重，而且這邊農業系的課程我不管再怎麼修，回到成大環工系都不會承認，所以就算全被當掉，最多也只是有點丟臉而已，根本沒什麼壓力。我沒離開這裡，只是因為覺得在屠宰場裡頭就有很多很好玩的事情了，並不需要特地跑到國外去。

朋友們總是很好奇，克羅埃西亞這邊的教育如何？我只能告訴他們，我看到、體驗到的，絕對不會是真正的克羅埃西亞教育，因為我修的四門課裡頭，人數最多的一門，學生總數也只有六個，最少的「動物倫理」甚至只有兩個學生，因為這些是只有交換學生才會修的英文授課課程。師生比這麼誇張的情況下，教學品質當然超好。

不過在課堂之外的情況，我覺得當地學生的平均語言能力，出色得令人佩服。我曾跟著莉亞到他們系上參加過幾次紀

錄片討論會，那些紀錄片主要是介紹科技發展所造成的矛盾，但我幾乎記不得詳細內容，因為那些紀錄片雖然是用英文發音，但是卻完全沒有字幕，連克羅埃西亞文字幕都沒有。

我不是那種經過地球村或外文家教這些專業訓練出來的英文強者，但好歹在成功大學也有免修英文的程度。即便如此，我幾乎跟不上紀錄片裡的旁白，而整個視聽教室內上百位的克羅埃西亞學生，卻沒人因為沒有字幕而有半點怨言。

也許那些學生事先都知道，因此只有英文程度比較好的人才會來參加的吧！然而，另一堂動物學，是大一的課程，教授說因為上課都用克羅埃西亞文上，我們去聽也沒有意思，所以有要參觀動物園或是採樣之類的活動，我們再去參加就好——只要出去玩就可以的課程。

不過教授還是邀請我們到班上，參與系主任幫大一新生上的大學第一堂課，因為其中有我們幾個少數交換生，所以系主任就用英文介紹動物學。

他講得非常生動、有趣，但這不是重點，臺下可是一群剛從克羅埃西亞各高中畢業沒多久的新鮮人，他們卻理所當然的直接用英文上課，完全沒有想要翻譯、甚至問同學會不會聽不懂的意思。

我大致觀察了一下這些學生，雖然不能確定他們是不是真的全部聽得懂，但多數學生都是靜靜聽著可愛的系主任蹦來蹦去的講課，幾乎沒注意到有學生在偷偷請隔壁同學幫忙翻譯一下的感覺。

　　在我的觀察中，在高失業率及低就業保障的環境下，這個國家的年輕人，從小就知道自己將來很難留在國內工作，所以學會說第二或第三外語，幾乎是基本能力。

　　另外，亞洲交換生在這裡其實還滿吃香的，像是在德國，來自世界各地的移民太多了，學校裡永遠有中東或是亞洲臉孔的「德國人」，所以即便你一臉亞洲樣，他們還是會將你當成土生土長的德國華僑。而在克羅埃西亞，類似的窘境只會發生在那些來自法國、德國以及西班牙的交換生身上，雖然克羅埃西亞人可以從言行舉止看出他們是外國人，但是走在路上，乍看之下根本分不出來，反而比較常發生他們因為不會講克羅埃西亞文而被欺負的狀況。

　　克羅埃西亞這邊雖然有一些華人，但是實在不多，而且通常都只有自己的圈圈，所以在正常的克羅埃西亞人眼裡，我絕對是個很明顯的外國人。這也搞得我在這裡幾乎就像是在臺灣

生活的白人一樣，到處都會有人主動詢問需不需要幫忙。搭輕軌時，總會有人提醒我錢包露出來了，或是背包沒拉緊、要去哪邊、需不需要幫忙指路之類的。

我遇到許多熱心想幫忙的克羅埃西亞人，但他們不像印度人會死命的纏著不放，他們會尊重我到底需不需要協助，如果不需要，他們會笑一笑說聲「Dobro!（很好！）」就離開了。克羅埃西亞朋友絕對不敢相信，他們國家的人會這麼好，就跟我們覺得臺灣人對臺灣人並不會像對外國人那麼友善一樣，這也許是一種對自己國家人民的刻板印象吧！

「你是崎那（Kina）嗎？」我最常被這麼問。

「不是，是臺灣。」

「喔！臺凡（Tajvan）！」通常他們會發出驚嘆，然後興奮的跟我說，他們家的雨傘、外套或是腳踏車就是臺灣做的。沒想到臺灣經濟起飛時期出口的一大堆輕工業產品，他們這群克羅埃西亞人竟然從南斯拉夫時期用到現在……

身為薩格勒布大學的學生，最大的好處便是能夠去學生餐廳吃飯。別小看這個福利，克羅埃西亞雖然物價沒有西歐國家高，但是在外面餐廳吃一餐普通的義大利麵，通常也要兩、

三百元起跳，然而學生餐廳裡的自助式餐廳，一盤盤堆在架上的沙拉、麵條、薯泥或是白飯等主食，以及雞腿、豬排之類的主菜，再配上濃湯跟甜點，結帳時只要 7 庫納，大概臺幣 30 幾塊，分量還比外面豐富，整個便宜得太不像話了！

雖然跟大多數的學生一樣，大家總是覺得學生餐廳都難吃得要死，但那總是食物啊！只要是食物我都可以吃得很開心。只可惜我沒有學生證，不能進去學生餐廳吃飯，所以每到吃飯時，就得詢問有沒有其他學生可以帶我進去吃。絕大部分的學生都很樂意帶我進去，甚至在學校打桌球認識的朋友，也會主動邀請我跟他們一起去吃飯。只不過幾乎每次都會遇到同樣令人尷尬的問題……

「你們學校的學生也太可愛了吧！帶我進學生餐廳吃飯就算了，還每次都死不讓我付錢！」我對莉亞開玩笑似的抱怨著。

「喔！你看看，這邊來了個沒辦法吃學生餐廳的可憐臺灣學生，誰不想餵你呢？」莉亞用她身為保母的慈愛口氣跟我說。

「他們說，跟他們一起吃飯有一項法律要遵守，那就

是——你不准付錢！」我滿臉無奈的說著，莉亞聽到後整個笑瘋了。

☆ 亞當斯密的盲點

　　跟好多人聊過天，看了好多人，聽了好多故事，我所學到最重要的事情，是發現這個世界上超過百分之九十的人都是好人，應該說，並沒有人天生就想要當壞人。然而，這個社會卻讓無數好人不得不做壞事——即使明瞭自己工作背後的陰影，他們卻別無選擇，只為了養家活口。銀行家、保險推銷員、醫生、藥劑師、屠夫、農夫，甚至老師、教授、科學家等等，我確定相信絕大多數都是關心社會、愛護家人的好人，只是他們被兩個東西壓著：制度跟利益。

「春種一粒粟，秋收萬顆子。四海無閒田，農夫猶餓死。」
〈憫農詩（上）〉—— 李紳

　　這是我們的世界，兩百年前被亞當斯密塑造出來的社會：《國富論》的基礎是——人類都是自私的，不過這種自私在好

的制度下，將會塑造出好的社會。在公平的制度下，人們為了賺錢，勢必會努力工作，而這個社會也就會迅速的發展。

　　現在，這成了普世的價值觀，沒人願意承認自己是善良的，大家都被社會教育成了自私的性格，即使他們內心並不一定真的這麼認為。人們被教育著為了自己所愛的家人和家庭，從出生開始就應該像杜鵑鳥一樣，把周圍的鳥蛋都踢下巢，最後他成功了，可以扶養他的家人，他甚至可以當慈善家幫助別人，但是他不知道，這個社會也不讓他知道──一個人要成功，必須摔毀多少顆將來永遠無法成功的幼雛？

　　這不是我要的社會，這不是每個孩子心裡所想的社會──約翰‧納許認為應該反過來，大家先追求共同的利益，最後這個共同利益分配給每個人的，將會大過每個人先追求自己的利益。

　　職業倫理的老師告訴我們一個故事：

　　他有錢的大姑丈有一間不錯的房子，二姑丈在附近雖然也有一間房子，但是他很窮，所以房子已經殘破不堪了。

　　現在兩位姑丈都想要住好一點，在亞當斯密的理論下，大

姑丈會花一筆大錢，把自己的房子拆掉，然後整修成更豪華的房子；二姑丈只能花一點小錢，把自己殘破不堪的房子加強一點。這是大家最無爭議的方案。

而納許的理論，則是大姑丈可以花一筆大錢，把二姑丈殘破不堪的房子拆掉，然後整修成更豪華的房子；而二姑丈可以搬到那棟大姑丈不想住但對二姑丈來說是豪宅的房子。然而沒人會支持這個方案，因為二姑丈不勞而獲。

不勞而獲又怎樣？大姑丈怎樣都要花一樣的錢去拆房子、蓋房子，消耗少一點資源產生更大效果的方案為什麼不好？

☆ 傻瓜天下

「囚徒困境」是最常見的賽局案例，有兩個嫌疑犯被抓了，警察將兩個人分開質詢。面對質詢，兩個嫌疑犯各自可以有兩個選擇，選擇跟對方合作，或是背叛對方。如果雙方互相合作不認罪，只要一起關一年；如果互相背叛，互相指控對方，則要一起關三年；但是，如果其中一個合作，另一個卻背叛對方，選擇盲目合作的人將會被關五年，選擇背叛的則無罪釋放。

結果會如何？即便大家心裡都知道，最好的方案應該是雙方互相合作，但是沒有人敢承受可能被關五年的風險，沒人願意接受最差的狀況，所以這兩個人都會無可避免的選擇次佳方案——互相背叛對方，而最佳方案永遠會因為其中一人的不信任而被排除，這就是所謂的「納許平衡」。

　　你會發現，在剛剛的「囚徒困境」裡頭，囚徒們之所以被判刑，跟他們到底有沒有真的犯罪，或是他們到底是不是好人其實是完全沒有關係的。而類似這樣的賽局，出現在我們日常生活中的各個角落，買菜、租房、看病，幾乎所有人跟人的互動，都可以用賽局來套。

　　如果消費者跟農夫互相合作，消費者願意用符合農夫辛勞的代價購買他們種出來的菜，農夫也願意用自然友善的方式種出健康的蔬菜。但是如果消費者不相信農夫，只願意用慣行的價格購買，或是農夫背叛消費者，偷偷用農藥然後用有機的價格販售，雙方不合作的結果，就是有機認證的出現，如此不但增加農夫的成本，也增加了消費者的成本。而這些多出來的成本，就只是為了應付雙方的不信任。

　　只有傻瓜才會在賽局裡頭選擇合作。

　　然而，賽局理論的遊戲結果，其實是有可能改變的。只要改變幾個遊戲的因素，比如說，在牢籠裡頭的雙方是可以互相溝通的；或者說，這個遊戲不是只有玩一次，而是會玩上無數次。當有其中一方選擇不斷當傻瓜，不斷去跟別人合作，然後不斷被別人背叛，同時不斷讓背叛他的人知道，這個傻瓜在明明可以背叛他的情況下，竟然還不斷的選擇相信他。

　　也許，那個傻瓜會這樣子一直被利用下去，但也許，另外一方會慢慢開始考慮，他們雙方合作是有可能的。只要有這種可能性，人們就會開始願意去賭一賭那個最佳的方案，總有一天，大家全部都會選擇合作。

　　為何大家總說鄉下的人情味重？那是因為那裡大家互相熟悉，相對封閉的社會，讓他們清楚合作的必要與好處。而在城市生活，跟陌生人合作是看不到好處的，因為有太多太多人選擇不合作，而且根本不知道影響到的人是誰。即便大家都很明瞭，所有人都被社會綁在一起，但是大家看不見。

　　學生及員工，透過把其他人踢下臺，不斷的往上爬，追求成就；人們在超市買最便宜但卻也是剝削最多對動物最不人道的產品。

大家必須意識到，這個全球化社會真正的問題，並不是黑心商人、腐敗官僚、恐怖分子這些所謂的壞人。對我來說，真正的問題是這場全球化下的賽局遊戲，消費者完全不認識在另外一個國家的生產者，生產者也不認識購買產品的消費者。然而每一個人的影響卻可能遍及全球，影響到成千上萬位他根本不認識也不在乎的人，而這跟他們內心到底善不善良，並沒有絕對的關係。

　　因此，如果想要改變這個「囚徒困境」當道的時代，就要讓參與這場遊戲的人，都意識到這場遊戲還要玩很久很久，同時讓參與者盡可能去認識彼此，無論是親自交流或是採訪報導，以及最重要的——需要很多很多的傻瓜。

　　需要傻瓜去路上搭便車，也需要願意停下來載陌生人的傻瓜；需要傻瓜去住陌生人家裡，也需要願意接待陌生人到你家的傻瓜；當然，也需要願意將自己的東西分享給其他人的傻瓜；需要這些傻瓜不斷做傻事，讓人們慢慢的相信，大家是有互相合作的可能的。

　　直到有一天，當傻瓜跟傻瓜一起玩賽局的時候，他們都會變成天才。

☆ 雞眼睛哲學課

「你們都知道,目前肉雞、蛋雞多是養在雞籠裡,因為籠子太小、太擠,這些雞很容易恐慌、互相攻擊甚至拔自己的羽毛,所以業者必須把牠們的爪子跟鳥喙都剪掉,以免牠們受傷感染。現在,有科學研究證實,如果我們把雞的眼睛戳瞎,牠就不會對擁擠、黑暗的生活空間感到恐慌,也不會互相攻擊。相較其他看得見的雞,盲雞的存活率、換肉率和產蛋量都比較高,而且也沒有剪喙的必要性了。如果你們是業者,會把那些雞戳瞎嗎?」

這個機車到不行的問題,出現在我們第二堂的動物倫理課上。這堂課的教室是教授的研究室,我跟另外一個奧地利女生伊娜正坐在教授對面,邊吃餅乾邊喝果汁,一邊還要想著我們心目中的雞應該被如何對待?

我很喜歡這個教授的上課方式,他在第一堂課的時候,就將一份厚到不行的《動物倫理學》課本交給我們,然後跟我們說,每個禮拜的進度是一個章節,雖然內容很有趣,但是分量實在大得不像話。

上課的時候，教授基本上不太會重複教課本裡面的內容，就只是找相關的問題來跟我們討論。他也不管我們到底有沒有看，反正我們只要有辦法跟他聊天、聽得懂他在講什麼東西就好了。但我卻異常認真的習慣了「預習」這本課本，因為我們發現，那個可愛教授會因沒辦法跟我們討論而露出落寞的神情，那個壓力就讓我們大到回去不敢不預習了。

　　對我來說，真正的老師不應該浪費時間教課本上已經寫好的東西，老師應該以「讓學生自己學習」為主要目標，學生對課本有無法理解的部分，再來課堂上解釋就好了。

　　回到那些雞身上，我跟伊娜都在第一時間聲明，自己絕對不會在那種公司工作，我雖然還沒有完全吃素，但至少算半個吧！自己煮菜時不會煮肉，但是出去餐廳吃飯或跟父母吃飯時還是會吃葷，而屠宰場那邊就全部煮素食，除非有拿到披薩或是葷的麵包，才會吃到肉。

　　伊娜則是近全素，跟安東尼亞一樣，連蜂蜜、起司、雞蛋都不吃，他們不是因為宗教，也不是為了健康，伊娜也不是因為不忍心殺生，「我住在森林裡面的爺爺，有時候會去打獵，獵到兔子、野鹿那些動物時，我就會吃。」原來她是一個吃野

味的素食者啊！

真正讓我們決定不吃肉的原因，主要是因為我們反對集約畜牧所造成的汙染與浪費，以及拒絕將動物視為商品而非生命的對待模式。我回到臺灣後，遇到一個長期在森林裡跟原住民獵人學習的朋友，他說：「我只吃快樂的肉。」

然而，我比較常聽到的思維卻是，雞、豬、牛、羊這些牲畜本來就是被生產來吃的食物，我們吃這些動物是理所當然的，吃那些在山裡面自由跑來跑去的山豬、山羌、飛鼠，才是殘忍不人道的。

如果今天出現了一個以人類為食的生物，我們會怎麼選擇？你會想要當那些毫無尊嚴被送到生產線上屠宰的牲畜，還是寧願在森林裡自由辛苦的過一生，跟大自然與獵人鬥智？吃肉本身沒有什麼太大的問題，但我認為，要怎麼對待動物，就應該以自己也願意被如此對待為準則。

我要親手屠宰肢解那些將轉化為我身體能量的生命，並誠心感謝牠們的存在，因為如果我有被吃的那天，我也希望能被這樣對待。

人類對待動物的理論，大致分為幾種：契約論、感受論、

功利主義以及動物權利。教授先讓我們想像這四種論點的人，對盲雞案例會有怎樣的看法。

「人之所以會善待彼此，是因為彼此間有個『你對我好，我就對你好』的契約，但人跟動物無法訂立契約，一隻雞不會因為你向牠保證，你會好好照顧牠的同類或是小孩，牠就下更多蛋，或是自願被你殺死。所以說，人類完全沒有善待動物的必要。」這是契約說的基礎論點，在契約論的觀點下，刺瞎眼睛或是剪喙痛不痛，一點都不重要，只要換肉率高跟致死率較少，所帶來的效益大於刺瞎所有小雞需要的成本，他們就會採用。會讓他們不採用此方案的理由，應該只有擔心被消費者知道了他們刺瞎小雞眼睛後，購買意願會下降吧！

但感受論不這麼認為。

「動物們能不能理解我們並不重要，重要的是牠們會不會因此感到痛苦。跟剛出生的小嬰兒相比，豬的理解能力高多了，但我們不會因此認為，把小嬰兒整天關在鐵籠裡面就是對的，因為我們知道小嬰兒會痛苦啊！」所以對感受說而言，原本的剪喙跟致盲都會造成雞的痛苦，都不可以。

然而，這邊出現一個弔詭的地方，教授提出另一個問題：

「想像一下，如果今天那些雞不是用工具戳瞎的，而是透過基因改造生產出天生盲雞，那又如何？」在這種情況下，感受論便會很自然的選擇使用基改盲雞。

　　至於功利主義，大概就像是個精算師。

　　「如果改變軌道需要殺死一個人，但是可以拯救十個人，就算那個人是無辜的，還是要以能產生最大利益的方案來做選擇。」功利主義會詳細的將所有優點跟缺點列出來，將致盲所帶來的痛苦跟剪喙、剪爪相比，然後認為長痛不如短痛，並決定使用盲雞。

　　「我們不能因為動物不能計算、思考或使用工具，來決定人們有沒有權力利用牠們，很多人也沒有以上能力，但是我們並沒有把他們當成這些動物。我們覺得人們應該怎麼被對待，動物就應該如此。」我跟伊娜基本上都是比較偏動物權利論的討厭鬼，在這種觀點下，只要動物本身犧牲的權益大過我們得到的效益，都不應該。

　　對動物權利論來說，最大的問題在人們只將動物當成一種「可再生的資源」，而不是一個一個獨立的生命。當我們用藥

物做人體進行實驗的時候，我們不會說什麼反正死掉了再生就有。只有將所有動物都當成一個一個跟自己等值的生命看待，才能解決問題。所以動物權利論從本質上來看，就不會接受畜牧，討論要不要用盲雞，就沒什麼意義了。

　　不過在這場遊戲中，我跟伊娜都得在盲雞跟怕怕雞中做出選擇，我很堅決反對用基因改造創造出一隻天生就看不見的盲雞，以適應這種不人道的生活環境。但是如果這種盲雞真的被創造出來了，那我就會用，因為我知道牠們的生命雖然是個悲劇，但是至少可以過得比正常的雞好。最重要的是，我無法接受人們創造了一個物種，最後卻因為這種新生物沒有用處而將牠們滅種。

　　至於用東西戳瞎呢？很有趣的是，大部分的人不會反對將牠們殺死吃掉，但是卻介意那些雞嘴巴被剪掉或是眼睛被戳瞎。想到這邊，我便決定了，我會將那些雞的眼睛戳瞎，同時我會讓消費者知道，這些雞在眼睛被戳瞎以後，在養雞場內會過得更好。

　　這件事情本身的正確性非常模糊，許多事情都是這樣。但兩相權衡之下，更重要的事情是，人們知不知道這件事。我們不必跟人們洗腦說什麼是對的、什麼是錯的，但我們有必要將

資訊攤開，讓人們自己思考、自己決定，而不是讓他們在完全不知情的狀況下替他們決定。我只希望人們都知道餐桌上的肉是怎麼來的，然後每個人會有各自的決定，有人會決定不吃，有人還是會吃，但至少，他們很清楚自己在做什麼。

「那麼，如果你是動物權利論者，你會同意給貓貓、狗狗結紮嗎？」這個問題結實打了我一拳，我很想說，我支持給狗狗結紮，因為可以避免太多小狗一生出來就成了流浪狗，結紮後的狗也比較不會有傳染病等問題。

第一個理由是考慮社會秩序的契約論，以及擔心牠們受苦的感受論；第二個理由比較像是功利主義，結紮的痛苦比傳染病的痛苦還小。但動物權利論怎麼看？如果是我，我會希望人們幫我結紮嗎？我才不要哩！

我們都知道，許多人一輩子為愛情所困，世界上到處充斥著性病，而且地球上的人口真的太多了，難道我們會對著剛出生的兒子說：「我愛你，為了讓你長大後不要因為愛情而痛苦，並避免染上性病，所以爸爸今天就要將你結紮……」

我們愛牠們，也知道這對牠們比較好，但是我們有想過牠們到底想不想嗎？

總比安樂死好吧？當然絕對好過安樂死，因此我還是支持流浪貓、狗應該要結紮。但我認為，動物權利論者不會接受幫動物結紮，並不代表他們希望到處都是流浪狗，而是他們從本質上就不太能接受人們將寵物當成自己的所有物這件事，更不可能接受現代許多炫耀性的寵物奢侈品文化，所造就的殘忍繁殖場。我想，他們會接受一個人看到一隻需要幫助的貓、狗而決定照顧牠，但不是一個人某天突然說：「我想照顧寵物！」然後這個社會就得「創造」出一個需要被照顧的寵物。

☆「Vegan」不僅僅是吃素

　　基本上，在屠宰場所有的料理，都是以全素為主，所以沒有蛋、沒有牛奶，連披薩用的起司都要特地找不是動物性的起司。曾經有個天才以為豆腐就是植物性的起司，去超市買回來放在披薩上烤，還哀號著說為什麼不會融化……

　　一直以來，我都很討厭乳瑪琳那種人造奶油，因為我覺得那是假的，是不健康的，甚至是邪惡的人造物質。在臺灣是因為牛奶太貴，所以只能用乳瑪琳，但是到了歐洲，就是我狂吃奶油的時刻了。

　　然而有一天，馬可在我面前拿著一大塊乳瑪琳塗在他的麵包上，我整個超驚訝的，這個義大利人怎麼會用這種東西？我跟他說：「你應該知道這不是真的奶油吧？」

　　馬可這麼回答我：「我很清楚，但是你不覺得這是個很偉大的發明嗎？他讓我們可以不用欺負那些乳牛們，就能嘗到類似的滋味。」

　　我倒是真的從來沒想過，這種人造奶油對「Vegan（維根）」來說竟然是這麼重要的存在。

　　在臺灣，我們通常將「Vegetarian」翻譯成蛋奶素，而「Vegan」則翻譯成純素或全素。因為中文裡頭原本就有類似的詞彙，很自然就會被套用過來，但我其實不是很喜歡這樣的翻譯，因為這會讓人以為 Vegan 是跟佛教徒一樣，就是一種不吃魚、肉、蛋、奶和蔥、薑、蒜五辛等的修行者，但 Vegan 絕不僅僅只是吃素那麼簡單。

　　「Vegan」不是一種飲食習慣，反而更像是一種價值觀，一種將自身同理心擴及到動物的價值觀。所以，每個 Vegan 心中所衡量的價值也不盡相同。

但一般來說，他們不吃肉，不是為了健康、不是為了福報，而是因為他們認為吃肉這件事帶給動物的痛苦，遠遠大於帶給我們本身的快樂。

他們不吃蛋，不是因為認為雞蛋有生命，而是因為蛋雞被飼養的環境，以及為了培育蛋雞而被迫在一出生就當場絞碎的公蛋雞。他們不喝牛奶、乳製品，也不是因為喝牛奶有什麼風險，而是因為不忍那些一出生就被迫母子分離的小牛跟母牛，及那些沒有資格長大、出生沒多久就被做成牛肉湯的小公牛。甚至，他們也不吃蜂蜜，或是用吉利丁（大骨）所製作出來的甜點，以上是多數人們理解的部分。

除了吃以外，他們也不會穿貂皮大衣或是牛皮靴之類的動物皮草、皮革類製品；他們不使用蠶絲所製成的絲綢、蠶絲被；而且，他們不會去印度體驗騎大象或是騎駱駝；他們不會去看馬戲團、看獅子跳火圈，或是去海生館看海豚表演。當然，他們也不會想去逛那些終生囚禁動物然後說要做生命教育的動物園。

甚至，他們拒絕以任何科學之名，對動物進行動物實驗。他們不願意接受將病毒打在牛身上然後取出的疫苗，不會吃那

<空屋筆記>
第三章、克羅埃西亞交換生

些餵死上千上萬隻老鼠、兔子所開發出來的藥品,也不會使用那些曾經被塗在兔子眼睛上然後才能給一般人使用的化妝品和清潔劑。

「也許 Vegan 都錯了,也許乳牛覺得人們將精子棒插到牠們的子宮裡,根本稱不上是一種強姦;也許這些乳牛並不會因為牠們的孩子一出生就被帶走而感到難過;也許牠們很享受那無止盡的擠乳工作;也許那些小牛們會喜歡一出生就被帶到小小的鐵籠裡,然後幾個月後被做成新鮮小牛肉;也許切掉牠們的喉嚨或是電宰牠們,根本就沒什麼大不了的,因為牠們可以早些進入涅槃;也許我自己也不確定,我對牠們的同情心讓我在看到這些折磨時,只感到無窮盡的難過,但也許——這只是我的感覺誤導了我。」

的確,我們不是魚,沒有辦法保證魚在水裡游得很開心。有些人會說,如果你不忍心看到那些動物受苦,那你為什麼忍心殺害蔬菜或是水果,還有細菌?

對我來說,Vegetarian、Vegan 並不是什麼零跟一的問題,我們不想傷害動物,是因為我們可以清楚感受到那些動物的痛

67

苦，我們都是先從關心自己本身開始，將同理心一點一點的擴及出去。我們學會了愛護自己，然後開始理解到家人、朋友們的感受，並慢慢開始理解到其他臺灣人的感受，甚至開始瞭解到其他種族、民族的感受，最後自然而然地對動物將心比心。

這也許是為什麼常常旅行的人之中，吃素的比例會特別高，而這些人，往往也都反對對同性戀、黑人、移民等等的各種歧視。

也許有一天，我們的同理心會擴及到植物或是細菌，但至少就目前而言，我們通常不會因為一棵紅蘿蔔在我眼前被拔出來、刷洗、切碎、烹煮，然後被我吃掉而感到難過。但是我們多數人並不願意接受一隻小豬在我們眼前被割喉、火烤、拔毛、去皮、肢解，然後絞碎做成香腸，再端到我們眼前。我相信多數現代人會因此而不願意吃這條香腸。

我們覺得這太殘忍了！

把整套流程放到眼睛看不見的屠宰場裡，就不殘忍了嗎？

我絕對不是要恐嚇大家說什麼吃肉、喝牛奶，或是去動物園、抹化妝品就是殘忍的王八蛋，絕對不是。我只是想要促使

人們對自己平常吃的、用的、做的事情有所意識,去理解那些
被市場、法律所抹殺掉的生產過程。每個人會有自己衡量的方
式,也許有人不吃肉、不吃蛋,但還是會使用動物實驗的產品;
也許有人停止使用那些產品,但還是偶爾吃吃肉,打打牙祭。
這都無所謂,至少這是他們在理解他們行為後所作出的選擇,
而不是盲目無知的認為因為他們不知道,所以跟他們無關。

Vegan 並不是不吃蛋、不喝牛奶，
Vegan 只是一種盡可能不去傷害或剝削動物的價值觀。

第四章、Freegan

☆ 你好，我要一袋給豬吃的麵包

剛到屠宰場的前幾天，我們晚上都會騎著腳踏車到城市裡頭尋找快打烊的麵包店，問他們有沒有賣剩的麵包。後來，大夥發現屠宰場大門口正對面不到一百公尺處，剛好就是一間連鎖麵包店的生產工廠，這些市區隨處可見的麵包店所販售的麵包，都是來自那間工廠，莉亞之前還在這裡面打工過。

每天早上十點到十一點之間，會有一輛小貨車載著從各分店回收來的隔夜麵包，用巨大的牛皮紙袋裝成一袋一袋。每一袋拿起來幾乎重達二十公斤，裡頭盡是各式各樣曾經擺在麵包櫃上的麵包、披薩或甜甜圈。我們會在早上十點左右推著手推車到工廠去，先到麵包店說要買隔夜的麵包，付完錢以後，就拿著收據等待那輛塞滿麵包的小貨車回來。

當小貨車的車門打開，我看到貨車內幾乎塞滿了這些放了二十公斤麵包的牛皮紙袋，整輛車大概能放五十袋吧！換句話說，這輛小貨車每天都會從各個麵包店裡，收回將近一公噸賣不掉的麵包，這些麵包裡頭不乏一些高價的三明治，或是披薩、馬芬蛋糕等。

莉亞從裡頭拿出一個潛艇堡跟我說，那在麵包店裡一個就

要賣 15 庫納了（約臺幣 75 元），而這整袋二十公斤的麵包，竟然只賣我們 16 庫納。這些麵包在十幾個小時之前，價值絕對超過臺幣上千元，卻在一夜之間變得一文不值。

然而，縱使我們有十個人在消耗麵包，一整袋的麵包也得吃個三、四天才吃得完，也就是我們只用 80 塊臺幣，便能供應十個成年人四天的早餐跟午餐。

我們一個禮拜最多只會去兩次麵包工廠，除了有一次遇到一個推嬰兒車出來載麵包的小弟弟外，通常會跟我們一起買麵包的，都是開車來載麵包的大叔。我一開始很驚訝，那些大叔竟然都一次買個五、六袋，他們難道家裡有五、六十人嗎？後來才知道，原來那些大叔買回去的麵包不是要給人吃的，他們是養豬戶，那些麵包是要餵豬當飼料的。

所以說，我們平常都在吃別人要拿給豬吃的飼料，難怪那些麵包工廠的工人對我們都特別好，會問我們比較喜歡吃什麼，可以幫我們多找一點放進去，我們每次都說要甜甜圈。

可是養豬戶大叔也不是每天都來，有些時候，那整車滿滿的麵包就只有被我們買去了一袋，那剩下三、四十袋的麵包下場如何？他們說會留著不會丟掉，但是明天還是會有三、四十袋新的隔夜麵包被送過來啊！到底是我們在吃豬的食物，還是

73

我們給豬吃人的食物啊？這些麵包真的糟糕到只能給豬吃嗎？

這些麵包被丟掉，絕對不是因為它們有毒、壞掉或發黴長蟲不能吃，只是因為它們「沒有被賣出去」。賞味期限和保存期限是完全不同的概念，絕大部分的商品被丟掉的時候，都只是過了最佳賞味期限而已，根本就還不到開始腐敗的保存期限。就算在相對濕熱的臺灣，我們仍然習慣將買來的麵包放到隔天早上當早餐吃，或是塞到冰箱裡頭放個好幾天才拿出來吃，這些麵包其實是完全一樣的東西，只是過夜的地方不同，一個在我家廚房，一個在麵包店裡而已，不是嗎？

我們將麵包拿回屠宰場的第一件事情，便是迅速將所有麵包分類：有生菜、肉和蛋的披薩及三明治，要在最快的時間內吃掉；其他甜的麵包跟鹹的麵包也要分開裝起來；至於什麼都沒包、通常被拿來當主食的雜糧麵包，都可以放非常久。

然而，每次我們提到丟掉了好多原本可以給人吃的東西很浪費的時候，就會有人跳出來說：「那些東西還可以拿去餵豬、做堆肥，甚至用無氧消化產生沼氣，一點都沒有浪費掉！」

我很喜歡之前一個《樸門》紀錄片裡的一段話：「一顆健康的波羅蜜樹，每年可以提供五百公斤的波羅蜜，並持續大概八百年。當它不能結果之後，這棵樹就會是一個非常高品質的

木材，可以拿來蓋房子，然後再使用個好幾個世代。等到房子壞了、拆了，我們還可以把這根梁或柱子，拿來再製成椅子或桌子等對強度要求相對低的家具使用。等到椅子也壞了，再把這些木頭拿來當燃料，燒完後剩下的灰拿去做堆肥，幫土地提供養分，再養育一顆波羅蜜樹出來。」

這樣才是最有效的資源利用啊！不是說砍樹不對，而是砍了它拿來做什麼？把可以拿來蓋房子的樹拿來種香菇就已經很過分了，更遑論將整棵還可以結果的樹直接砍碎做堆肥，然後說這樣還是有利用到。

食物也一樣，一塊麵包的生命週期應該分成：剛出爐的新鮮麵包，過了賞味期但絕對可以吃的隔夜麵包，焦掉、沾到泥巴、或是人們吃過以及放太久的不安全麵包，和最後被消化完排出來的排泄物。可以對應到的利用方式，當然也分成：給人吃、給豬吃、拿去做堆肥或是沼氣發電、最爛的就是直接拿去掩埋或焚化。

最理想的狀況，人類把絕大部分可以吃的麵包都吃掉了，如果真的有剩下的、壞掉的或是掉到地上的麵包，再拿去餵給豬吃。要做堆肥或沼氣發電，就用人或豬的排泄物做，而且速度快多了。至於掩埋和焚化，任誰都感覺得出來拿這兩種方案

根本不應該用在食物上面吧！

然而現在大家都知道，整個關係鏈被硬生生往下拉了一階，人類只吃最佳賞味期的食物，而許多還可以吃的食物則被拿去餵豬、甚至直接拿去做堆肥。真實的情況或許還更嚴重——人類只吃掉大約一半的食物，剩下的也只有極少部分會拿去餵豬，許多直接被拿去做堆肥，而絕大部分，卻仍是被丟去掩埋場或焚化爐，然後，我們卻同時恐慌著糧食危機跟原物料上漲。

☆ 菜市場賣不掉的蔬菜

在西歐的城市裡，超市已經幾乎取代了大部分的傳統市場，相對於早上去菜市場買菜，人們更習慣在下班後到超市去買東西。超市文化的確也滲透到了克羅埃西亞，但還沒那麼嚴重。街上仍有一些傳統市場，通常都是賣克羅埃西亞自產的蔬菜水果，價格相對超市便宜，但是也就不能像大賣場那樣，可以買到來自世界各國、完全非當季的食材。常常食物的產季一到，每個攤位都擺滿了同樣的食材，像是橘子、青椒的產季，就都非常誇張。

　　一天，瑪麗安娜問我和莉亞，有沒有袋子或是塑膠袋之類的，她要多拿一些塑膠袋準備去菜市場，順便邀我們一起去。於是我們騎著腳踏車到了附近的市場，我們到的時候已經差不多要收攤了，攤販們都在整理自己的攤位。我跟在瑪麗安娜身後，看著她對賣菜的伯伯打了招呼，說了一些話，那個伯伯便將我們的塑膠袋拿過去，將他攤位上的彩椒一個一個塞進袋子裡，裝完一袋再裝第二袋，直到兩個袋子都被他的彩椒給填滿，然後再丟幾根小小的紅蘿蔔給我們。

　　瑪麗安娜跟他說完謝謝以後，就直接走向下一個攤位了，沒有付錢，那個伯伯也完全沒有要跟她收錢的意思。這樣一趟下來，問了近十個攤位，有六、七個攤位都拿了一些他們賣的蔬菜、水果給我們，剩下的幾個攤位，有的直接回絕，有的看了看自己的攤位，然後對我們搖搖頭。不到十五分鐘，菜市場還有一半沒逛完，我們所有的袋子卻已經裝滿了紅蘿蔔、洋蔥、花椰菜、彩椒、高麗菜和番茄等蔬菜，而且從頭到尾沒有任何一個攤販跟我們收錢。

　　回到屠宰場，我們將帶回來的蔬菜分裝進籃子內，我問瑪麗安娜她剛剛到底跟攤販們說什麼。

　　「我問他們有沒有比較不好看、快壞掉的，或是其他之後

會被丟掉的蔬菜，如果有的話，可以給我們。」她這樣跟我說。

　　我認真檢視這些蔬菜，剛剛在菜市場上我完全看不出來有任何問題，仔細看才發現好幾根長了兩隻腳的紅蘿蔔，而花椰菜上頭也已經出現黑點了，至於那一大堆彩椒，則有許多都是有裂痕的，如果不小心碰到水，很容易就會腐爛。

　　這些在臺灣大概都被稱作「格外品」，而這種格外品是不會出現在一般歐洲的超市裡頭的，因為這樣子賣相不好，價格會被拉低，所以一般超市都會淘汰大量長相不符合標準的蔬果。許多跟超市合作的農人就這樣子被制約著，如果送過去的蔬菜不符合規定的比例高了一點，可能就得面臨違約甚至被整個退貨的命運。

　　處理這些格外品食材的確比較麻煩，長相怪異的紅蘿蔔和馬鈴薯削皮就不太好削，花椰菜上頭開始變黃、變黑的斑點，我們也都要拿小刀一個一個挖掉。但是全部處理完並切成小塊後，根本就完全看不來有什麼不一樣，做成晚餐也還是非常好吃。

　　我感到有點生氣，不單單氣那些只因為裝不進包裝盒就被丟掉的格外品，更氣我們將那麼多農業人才的心血，都浪費在研究該怎麼讓蔬菜長得一模一樣，而不是研究更環境友善的農

法或是更好吃、更營養的食物，這樣子的結果只會使得農夫噴灑更大量的農藥和殺蟲劑，讓農田變得人工，變得可以掌控，並漸漸跟自然脫節。

　　在歐洲最病態的，大概就是「歐洲蔬果共同法規」。這個法規為了確保整片歐洲大陸的蔬菜水果品質統一，將蔬菜分成了優質、一級跟次級品。連次級品都稱不上的蔬果，在法律上即便送給慈善機構，都可能會被罰上千歐元的罰款。

　　然而，他們檢視蔬菜品質的方式，竟然完全取決於這些食物的「長相」：胡蘿蔔直徑不得小於一公分、小黃瓜必須是筆直的、馬鈴薯必須是圓形而且大小要一樣、蘋果的紅色要均勻分布、香蕉只能進口固定曲率弧度的……。我實在很難想像，有人可以義正嚴詞的說筆直的小黃瓜會比彎曲的小黃瓜好吃，更何況，今天已經不再是好不好吃的問題了，他們是認定——彎曲的小黃瓜是不能吃的！

　　有一次，我們問一個賣奇異果的大哥，他看了看我們，然後拿起紙袋，將他攤位上將近一半的奇異果都裝了進去，要不是紙袋已經裝不下了，他可能會全部都給我們。這些奇異果看起來完全沒問題，但是一拿起來問題就大了：嚴重過熟，整顆

奇異果軟到一切開就會直接散開。

　　不過，我們後來找到了吃這些奇異果的妙計，將蒂頭的部分用指甲拔掉，露出一個小孔，然後吸一口，整顆奇異果的果肉就這樣超輕易的被吃進去了。最重要的是，這些根本賣不掉的奇異果，卻是我這輩子所吃過最甜、最好吃的奇異果。

　　所以說，我們廚房裡頭幾乎永遠都有吃不完的蔬菜水果，但是卻沒有足夠的白米、馬鈴薯、義大利麵之類的主食可以搭配，因為菜市場通常不會淘汰這些可以放比較久的食物，所以只能去超市買。可是大夥兒又常常沒錢，搞得我們常常是很多很多的蔬菜，配上一點點的義大利麵或是飯，有時候甚至拿那些隔夜的麵包來當馬鈴薯用。

☆ Dumpster Diving：你敢吃垃圾嗎？

　　「這個給你戴著，等一下才比較方便。」莉亞將一個可以綁在頭上的手電筒，硬是戴到我充滿問號的頭上。一般來說，我們只有在沒有電的屠宰場裡頭才會需要照明，況且一個禮拜前我們終於有電了，屠宰場外的一間咖啡廳，很熱血的讓我們從他店裡接了一條近百公尺的延長線。

「不是要去市區嗎？幹嘛要帶手電筒？」一個月下來，我已經漸漸習慣在黑暗中生活了。

「我們要去『Dumpster Diving』啊！」莉亞衝進廚房抓了幾個塑膠袋給我。

我有聽她說過這玩意，大概是一個跟 Squat 同時出現在 E-mail 裡的單字，當時莉亞說她在阿爾巴尼亞一個神奇的垃圾桶，撿到了好多好多的東西：鍋子、外套、土耳其文字典（在土耳其搭便車超有用），甚至還有一本她心理系會用到的原文教科書。

「Dumpster Diving」指的應該就是去撿可以再被利用的垃圾——我第一時間想到推著回收車的婆婆們。是說，和之前半夜推著購物車到處撿家具的我們根本沒兩樣。我們住的地方，原本也就是用安東尼亞她們四處撿回來的垃圾所拼湊出來的。

我跟著莉亞走在昏暗微寒的街道上，已經快晚上十點，商家幾乎都關門了。我跟她走到一間離我們最近的大賣場，然後看著她逕自往大賣場後方的倉儲區走去。我突然有點緊張——來這種地方被發現會有麻煩吧！

「找到了，快點過來！」莉亞站在一個巨大的鐵製垃圾桶前朝我揮手，我帶著些許猶豫緩緩湊上前去，打開頭上的手電

筒。在這間連鎖大賣場後方的黑暗角落，一個克羅埃西亞女生加上一個亞洲男生在垃圾子母車前面鬼鬼祟祟的樣子，這實在是太可疑了。

「我們來看看裡頭有沒有什麼有趣的……」莉亞將塑膠袋拿給我，雙手將那個巨大的蓋子抬起來，我則順著頭上的燈光，朝那坨黑暗中的垃圾瞧了一眼。

「Jebote！」我對著那堆垃圾喊出了克羅埃西亞最通俗的髒話：「怎麼都是食物！」

我活了二十幾年，腦海中對垃圾桶的定義就是裡頭裝著衛生紙、塑膠包裝或是壞掉的食物等，但是在我眼前的這兩個垃圾桶，其中一個塞了滿滿的食物：上百公斤的番茄、柳丁、橘子、香蕉、蘋果、小黃瓜及一大堆生菜，就這樣塞滿了巨大的垃圾桶，也許因為全部都是水果，這些垃圾並沒有散發出像垃圾車那種令人作嘔的腐爛味，反而比較像酵素的味道，雖然稱不上好聞，但是絕對沒有想像中那麼噁心。

相較於第一個垃圾桶的酵素味，第二個垃圾桶更是驚人——完全沒有味道。第二個垃圾桶裡裝的不是食物，全部都是食品。除了一大堆拆開來的碎包裝紙、塑膠膜外，還有一盒一盒的餅乾、優格、牛奶、罐頭和調味料。我看得有些犯傻了，

就這樣呆愣愣的站在垃圾桶前整個當機。

「我說過了啊！垃圾桶裡頭什麼東西都有。」莉亞邊說邊伸手在垃圾桶裡頭翻找，頭燈的好處就是可以在照明的同時還能自在使用雙手。

「喔！不！這些食物放得有點太久，如果是當天來的話就大豐收了。」我隨手撿起一罐紙盒裝的牛奶，根本還沒過保存期限，其他優格或是餅乾也是，幾乎沒有一樣食品是因為「過期」才被丟掉的。意思是說，這盒牛奶是在完全可以喝的情況下從冷藏櫃拿出來，然後丟進垃圾桶裡，過了好幾個小時以後才臭酸的。

我們都被教育著，去超市買牛奶要注意日期，除非有特價，不然一定要買保存期限最長的。這後面代表的是什麼？只要有一瓶牛奶在超市補新貨的時候還沒被買走，那它就完了，絕對不會有人要買它。而這瓶牛奶就會從跟下一批牛奶差兩、三天，一直慢慢變成差兩個禮拜，到最後過期被丟掉……商家一定知道會發生這種事，所以只要相差一、兩批，就會直接拿去丟掉了，有可能只有一瓶嗎？保存期限到底是什麼東西？一項產品不會因為保存期限一到就爆炸，或是在一夜之間變成有毒。那個數字只是廠商跟消費者間的風險評估遊戲，要讓產品

容易被賣出去，保存期限越久越好，但是如果產品在保存期限前壞掉，並且被消費者吃到的話，那他們的聲譽就完了。

用信賴區間分布來猜的話，他們應該只能允許不到百分之五的比例會在保存期限到時壞掉。也就是說，我們可以推估，約九成的食物即便過了保存期限，都還是可以吃的。然而，多數現代人早已經不相信我們有判斷食物可不可以吃的能力了。

「聞一聞、吃一吃就知道可不可以吃了，為什麼可以相信一組數字、卻不相信自己的身體呢？」莉亞將鼻子湊近那瓶已經打開的牛奶，聞了一下就露出噁心的表情。

最後，我跟莉亞從那堆垃圾水果中，挑了幾顆比較完整的番茄、蘋果和柳丁，拿到公共廁所洗乾淨，不過最後還是判定應該已經壞掉不能吃了。像他們這樣把全部的食物都丟進一個封閉的垃圾桶，只要其中有一小部分壞掉，就很容易造成整個垃圾桶都在無氧消化，就算隔著果皮，還是很可能會滲透到整個果實。我們在屠宰場裡吃格外品蔬菜和賣剩的麵包，就已經豐衣足食了，根本沒必要冒這個險去「Dumpster Diving」。只是，我就像中毒了一樣，從此之後，就算莉亞不在，我還是養成了一種會不小心散步到超市後的垃圾桶「觀光」的習慣。

你也許永遠都沒辦法接受吃垃圾這件事情，

但是，試著去看看就好，

去看看我們到底將什麼樣的東西都丟到垃圾桶去。

☆ 重新吃肉的素食者：馬可的眼淚

馬可，是個在奇妙機緣下闖入我們屠宰場的義大利人，他原本是位街頭藝人，申請了以色列那邊的大學要去學希伯來文。有趣的是，這傢伙決定開著他的寶貝露營車，載著兩條寶貝狗兒，一路從義大利開車到以色列去。結果，馬可在保加利亞邊境被哨口的警察攔下，他們查遍了他的露營車後，決定禁止馬可進入保加利亞，或者說，馬可可以進去，但是不能帶那兩條狗狗進去。馬可完全不能理解，為什麼那兩條健康的狗狗竟然不能入境？最後，那邊的警察給了他一個我目前為止聽過最扯的理由：「你那兩條狗是雜種的，讓牠們進去我們國家的話，很可能會汙染我們國家狗狗的純正血統。」

馬可一火大，就賭氣不去以色列念書了。他開著露營車緩緩駛回義大利，卻在塞爾維亞遇上翹課去旅行的莉亞一行人。就這樣，克羅埃西亞人莉亞、她的澳洲朋友、他的塞爾維亞女

朋友，再加上馬可這位義大利司機，四個完全不同國家的人，加上兩條體型差異極大的狗兒，便這樣塞在露營車裡，一路從塞爾維亞開回克羅埃西亞。這次換克羅埃西亞邊境的警察傻眼了，一臺車子裡頭每個人的護照都完全不一樣……

馬可因為反正也沒事，就跟著莉亞他們一起來到屠宰場，接著，就愛上這個地方，跟我們一起住在這裡了。馬可在義大利的時候，就已經有占領空屋和「Dumpster Diving」的相關經驗了，不過他們通常是占領廢棄的工廠，然後舉辦免費的音樂會或派對，他通常都睡在露營車裡，像屠宰場這邊睡在空屋裡，倒也是第一次。

至於「Dumpster Diving」，馬可說義大利超市丟的東西非常非常大量，而且狀況通常都非常好。但同時，會去翻垃圾桶的人也非常多，有些白癡會把垃圾袋割破，把裡頭的東西丟個滿地，然後就變得很噁心，超市就會非常火大，於是有些超市便會在垃圾桶上面，貼上骷髏頭、有毒的標誌，甚至有些超市真的會把那些食物下毒或弄到不能吃，當地就曾有人因為吃了這些被下毒的食物而送醫急救。

除了我之前跟莉亞在超市裡頭看到的蔬菜、水果，以及乳製品或餅乾這類的加工食品外，馬可在義大利超市的垃圾桶

內，還會撿到一種我完全無法想像的東西——肉類。

　　跟安東尼亞一樣，馬可之前也是吃素的，但是當他在義大利開始「Dumpster Diving」之後，他便重新開始吃肉，但只吃那些從超市裡撿回來的肉類。

　　「你知道嗎？我們那邊的超市每天都會丟掉一大堆各式各樣的肉類：絞肉、雞腿、牛排、羊肋甚至燻鮭魚之類的，一包一包用保鮮膜跟塑膠盒包起來的肉，就這樣從冰箱直接被丟到垃圾桶裡頭，每天都有。」馬可一邊用他的義式英文一邊比手畫腳，好讓我了解他在說什麼。

　　「每一天，我們都可以從那個垃圾桶裡，找到兩隻全雞，兩隻完完整整的全雞耶！你能想像嗎？」馬可說到這裡的時候，我們兩個的眼淚幾乎同時滑了出來。

　　這兩隻雞，一出生就被剪喙、剪趾，生活在極度擁擠且不見天日的雞舍裡，瘋狂被餵食著不知道什麼成分的飼料。迅速長大增肥後，就被工人們粗暴的抓起來甩到籠子內，經歷無數小時甚至好幾天完全沒有水、沒有食物的旅程被送到屠宰場，然後被人道的割喉、放血、拔毛、肢解，裝入保鮮膜內送到超市的冰箱裡。

　　一直以來，牠們都以為牠們的天命就是好好長大然後被人

吃掉，結果幾天過後，卻因為沒有人購買而被丟到垃圾桶裡，變成垃圾。這就是牠們的一生？牠們平白無故受了這麼多的折磨，結果下場竟然是被丟到垃圾桶去？

是怎麼樣的文化，可以讓這樣子的行徑變得理所當然？我完全不能接受一個生命可以被如此的對待，馬可也是。於是，我們重新開始吃肉。即使我們知道，這些肉可能稱不上新鮮、可能被打了生長激素、抗生素或是瘦肉精，但我們沒辦法就這樣讓牠們被丟在垃圾桶裡。對我們來說，將這些肉帶回去好好料理然後吃掉，是我們當下能為這些生命帶來最後一絲尊嚴的唯一方式……

☆ Freegan：人們說我們是社會的寄生蟲？

當我們什麼都不懂時，我們什麼都吃，吃速食店的炸雞、薯條，吃超市裡頭的麵包、御飯糰。後來，當我們認識了慣行農法、基改作物跟食品添加劑後，我們不願再食用那些食品，開始追求自然的、真正的食物。

當我們看到了集約畜牧下的動物們，是被如何的育種、增

肥、運輸、屠宰後，我們不願再食用在那種農場裡長大的動物，
成了人們口中的「Vegetarian」。

當我們知道那些不會生蛋的公蛋雞跟不會產乳的公乳牛，
一出生就被決定的命運後，我們不願再吃蛋、不再喝牛奶，成
了人們眼裡的「Vegan」。

最後，當我們打開超市後方的垃圾桶，發現了那些我們
之前不想吃、不忍吃的東西竟然全都堆在裡頭時，我們將牠
們挖出來，帶回去料理，然後含著淚吃掉，成為我們所謂的
「Freegan」。

這是住在屠宰場裡頭的人們大多數都經歷過的歷程。我們
用四處蒐集來的木頭生火，然後用菜市場賣剩的食物在暖爐上
做料理。絕大部分的情況下，我們都不會吃肉，只吃蔬菜，然
而，當我們從麵包店或披薩店裡帶回賣不完的披薩、三明治或
是包肉的麵包時，我們就會吃這些肉（但也不是全部）。

當然，並不是每一個人成為 Freegan 的原因都跟食物有關。
有些人是因為低薪和房價、有些人是因為搭了很多便車、有些
人則是因為研究經濟後發現有點怪怪的……總之，這些人們，
都在不同的時刻，理解到現今的社會，竟然只是個瘋狂浪費自
然資源、汙染環境、不斷擴大貧富差距、讓人們彼此疏離、競

爭、仇恨，然後聲稱只要我們一直買東西，大家就會過得更好、更開心的荒謬社會。

東西存在的目的，是要讓人們使用，而不是讓人們擁有。

當戒掉凡事先問：「要花多少錢？」或是「要買什麼東西？」之後，我們的雙眼才有辦法看到我們一直以來視而不見的東西。

「你的每一筆消費，都是在為你心目中的社會投票。」

這是之前人們在推廣購買環境友善、動物友善或公平貿易產品時所喊的口號，這是一件很重要的事情，如果我們討厭一個企業的行為，最直接有效的行為就是拒絕購買他的產品。然而，事情總會進展到另外一種情況：
「我很想要投票，但是一個是有毒的蘋果、一個是爛掉的蘋果，兩個黨提的兩個候選人都很爛，我可以不要投嗎？」

有機認證只有大企業有辦法負擔認證費，慈善事業大半都

是那些汙染環境、剝削勞工的企業創辦來節稅用的⋯⋯，我們漸漸發現，真正的問題其實不在於產品的好壞，而在於嚴重過度的消費文化。

一顆燈泡再怎麼節能，如果把整片撒哈拉沙漠都架滿節能燈泡，然後說這很省電所以沒關係，這不是省不省電的問題吧？再生能源很棒，但是如果整個中國、印度、甚至非洲的所有人都比照美國人的用電模式，單單是生產那些矽晶板、發電機跟水庫⋯⋯，就足夠讓地球浩劫了，再生能源又怎樣？

但是不消費要怎麼生活？這其實遠比想像中簡單。需要食物的話，就去菜市場看看有沒有賣不掉的菜，或是去麵包店看看有沒有賣不完的麵包；我們也自己種菜，甚至有些人會去採集野果或栗子，當然，還有「Dumpster Diving」，去超市的垃圾桶蒐集食物。

難以想像的是，我們的食物往往還是多到吃不完，於是便舉辦「食物不是炸彈」這類免費煮剩食給大家吃的活動。至於衣服，我們大部分人所擁有的衣服，其實早就遠遠超過我們真

正所需，家電或是家具也多的是還沒壞掉就被丟棄的二手物。

至於交通，當然就回歸最基本的步行或騎腳踏車，如果要快一點或長途旅行，那就舉起大拇指搭便車。

那住宿呢？眼下最直接的便是占領空屋，但這只能是過渡期，人們透過占領空屋這種衝撞體制的行為，讓大眾重新思考私有土地這件事，房屋到底是蓋來給人住，還是蓋來賺錢放增值的？人類憑什麼擁有一片土地？憑一張只有人類看得懂的契約，便可以將土地從自然中奪走，然後聲稱原本住在那片土地上的生物非法侵占嗎？

「我們不討論合不合法，我們只在乎正不正確。」

有些人會說，這些 Dumpster Diver、Hitchhiker、Squatter、這些 Freegan，翻垃圾桶裡的食物吃、搭便車、占領空屋，是在依賴資本社會的剩餘，但卻不工作賺錢，好貢獻這個餵養他們的社會，根本就是個社會的寄生蟲。

這些人並不知道，我們當然希望可以吃自己用自然農法種

的健康蔬菜和水果；我們當然希望可以自己開用廢油、太陽能、沼氣當燃料的車子；我們當然也希望可以自己動手用泥土、竹子跟木頭，蓋一棟適合當地氣候的自然建築，這些都是存在每個 Freegan 心中的夢想啊！

但我們選擇暫緩這些夢想。因為，當我們發現這個世界每年生產的食物足夠餵飽一百億人，但卻浪費了近半數的食物，卻還有十億人正在挨餓著；當我們發現，臺灣每輛車子裡頭平均只有 1.7 個人，等同每輛車至少有兩個以上的空位就這樣被閒置著；當我們發現，臺灣人整天說房價很貴，窮人沒地方住，而立法委員整天想要開燈、潑水好趕走遊民，臺灣卻有近百萬戶閒置的空屋和蚊子館，而遊民加起來其實根本不到五千人——難道我們應該放著這些資源就這樣被浪費掉，然後還花費更多資源在開發其他的替代方案嗎？

因此，我們寧願吃垃圾桶裡過期、噴過農藥、除草劑、基因改造的食物，寧願花四、五個小時在路邊等陌生人讓我們搭便車，寧願冒著跟警察、地主起衝突的危險，住在環境很差的廢墟，寧願……在種種輿論壓力下，抬頭挺胸的當社會的寄生蟲。

Freegan 並不是不想工作，不想花錢；
Freegan 其實是一種盡可能不去剝削環境的價值觀。

☆ Freegan 的下一步：用禮物經濟過活的人

「我之前讀的是經濟，結果畢業以後做的事情跟我學的完全背道而馳，我已經兩年沒有用過任何一毛錢了。我搭便車、翻垃圾桶、沙發衝浪，很多人都會叫我是那個不花錢過生活的人。可是我不喜歡這種說法，我自己都會說，我只是用『禮物經濟』在過生活而已。」

「禮物經濟？那是什麼東西？」那是我這輩子第一次聽到這個單字，我抬頭望著跟我說話的湯米，當時我們正在整理一間黑暗到不行的廠房。湯米是莉亞的男朋友，一個在 2010 年決定放棄金錢遊戲，開始在歐洲各地搭便車旅行的芬蘭人。簡單講，就像是「阿拉斯加之死」的歐洲版。

湯米一邊將地上散落的木條傳給我，一邊跟我說：「很簡單啊！你就把自己當成一份禮物送給別人，自然也會有人想要回禮給你。重點是，你做的每一件事情，也就是每一個禮物，都要是無條件的，你不是為了得到對方的回禮而做這件事，而是單純的享受能夠當個讓別人開心的人。」

「就這樣？」我問。

「差不多就這樣啊！很多人，包括我，其實都非常希望有

機會可以為其他人做些什麼的。我沒錢、沒車、沒房子，可是我會煮飯、會修水電、會木工、會翻垃圾桶，我在垃圾桶找到的食物根本吃不完，我就把這些食物送給接待我的人、讓我搭便車的人，或是直接在路上發送給需要的人；我到別人家裡，可以幫別人看看有沒有壞掉的電器，我可以試著修看看。但我並不是為了要回報別人才這麼做，今天有任何人需要幫忙，只要我有辦法幫得上忙，我都非常樂意，這樣子下來，你會發現世界變得有點不一樣，周圍的人會突然都變得很善良，而且你做什麼事情都會做得很開心，就算是很無聊的清潔、搬運之類的工作。因為你知道，有人會因為你無條件的付出而感到開心、感動……」湯米開始劈哩啪啦說著。

「那你應該也常遇到有人要給你錢吧？」我覺得一定有很多人會想要幫助他。

「有啊！可是像我去演講，辦『Free Hug』或是發放被丟掉的食物時，就會有人堅持要給我錢，我是盡量不拿啦！不然就是拿了以後就捐出去或送人。我之前在一間花店旁的垃圾桶，撿到一大堆完整的玫瑰花，應該是活動辦完就被丟掉的。我將那些花拿出來，一朵一朵送給路上經過的人們，祝他們有個美好的一天，有一個阿姨拿到花就很堅持要給我錢，我跟她

說是免費的她還不理我，我嚇得趕快騎腳踏車跑走，結果她竟
然衝上來追我耶！後來她發現追不上，就用力丟了一大把零錢
K到我的腦勺上……」湯米說完開始傻笑。

「其實，與其說我幫別人做免錢的工作，你也可以當作我
是把所有賺來的錢都存在別人的口袋裡，這些沒辦法用在自己
身上的錢，會在這個社會上到處流來流去，等到我真的要用的
時候，就會有人提出來給我了，哈哈！」他天真的邏輯竟讓我
啞口無言。

即便我們期待透過「占領空屋」讓人們意識到炒房跟居住
權利的問題，或是期待透過「Dumpster Diving」減少被浪費掉
的食物，但是單單成為 Freegan 這樣的生活方式，並不能夠改
變根本的問題。政府或建商並不會因為占領空屋而停止蓋蚊子
館、建農舍帝寶或炒房地產，超市也不會因為垃圾桶被翻而不
再浪費食物——成為 Freegan，說實話，只是讓我們有機會從
這個只有不斷工作、賺錢、消費、一邊傷害環境一邊傷害自己
健康的生活模式中解脫出來。但然後呢？

也許，用「禮物經濟」的概念，真的有可能改變世界也不
一定。

「禮物經濟」的根本：

享受不求回報的付出，

你也將收到別人不求回報的付出。

第五章、禮物經濟

☆ 禮物經濟簡介

假設你現在手上有兩杯水，你只喝得下一杯，你願意把另一杯水給一個口渴的人喝嗎？大多數的人會吧？

假設你有一把傘，下雨的時候，你願意將這把雨傘與身邊一個沒帶傘的倒楣鬼共用嗎？

如果你有兩把雨傘的話呢？

現在，假設你一個人開著車去合歡山，賞完雪準備下山回家，你願意順道載一位要回清境民宿休息的登山客嗎？

最後，假設你家裡有一間空房沒人睡，你願意將這間房間開放給一個完全不認識的旅人嗎？

其實「禮物經濟（gift economy）」跟「分享經濟（share economy）」的概念非常像，只差在「分享經濟」主要是指將「多餘的」跟別人分享，比如說多出來的房間或是多出來的食物，與其放著不用，不如將之拿來跟其他人分享；而「禮物經濟」則是著重在「把所有的付出都當作是禮物」，而不是投資或是交易。

然而，大部分的人卻習慣將我們的付出當成一種交易；就

算不是為了金錢，也是為了要獲得相等價值的回報。所以我們逐漸學會用最少的付出換取最多的回報、學會斤斤計較、學會將別人的付出視為理所當然。

但是，如果我們把付出當成禮物的話會如何？

我們都同意，如果一個男孩真的深愛著一個女孩，當他送女孩禮物時，絕對不是希望女孩能夠回送什麼，或是做些什麼，他只是單純的享受當個讓女孩開心的男孩而已。只有在我們將付出當成不求回報的禮物，並享受著送別人禮物這件事的時候，才能在付出時仍感到快樂，並且為通常隨之而來的禮物感到更加開心。

「那些都只是癡人說夢，現實狀況才沒有那麼美好呢！」這個社會永遠不乏這一類的反對聲音。但其實，就是當我們搭過了許多便車、住了許多沙發客家、受到許多陌生人的幫助後，我們才漸漸相信，那種美好的「幻想」是有可能的。

去年當我帶著西班牙沙發客到高中上課時，有位學生問我：「為什麼？明明有這麼多荒謬、明顯就不對的事情，政府卻不去改變。而我們不但改變不了，還必須學著去接受它？」

我永遠忘不了她當時困惑的神情，我想對她說：「因為有許多人，等他們長大了、成家了、有負擔了，事情就會變得完全不一樣。人們沒辦法做他們想做的事情，他們會被逼著做自己討厭的工作，成為自己討厭的人，並在體制下不自覺做著傷害人們、社會以及環境的事情。」

　　但我最後沒有說出口。

I no longer accept the things I can't change; I am changing the things I can't accept.

　　（我已不再接受我所無法改變的事情了；我要改變那些我所無法接受的事情。）

　　在我的世界裡，改變這些事情最簡單、直接、有效及最重要的一點，任何人都能做得到的，就是用「禮物經濟」過活。我可以幫忙任何人做我喜歡且我做得到的事情：我可以幫沒錢找家教的學生課輔、幫需要人手的農家種田、幫餐廳煮飯洗碗、到各地去說故事分享。

　　籠統一點的說，就是將自己變成一個禮物送出去，這個世界上，總會在某個時候、以某種形式的禮物讓我繼續活下去。

也許會有人願意順道載我一程，也許會有人願意跟我分享食物，也許有人會願意收留我讓我借宿，也許有些收到我禮物的人，會開始願意試著將禮物送給其他的人。

只有當我證明自己可以在這個世界用這種方式生存下去時，我才有資格對那些學生說：「這是有可能的，你們不需要強迫自己做不喜歡做的事情。」

從小到大，這個社會教我們的，
是自己先吃飽以後再去管別人有沒有吃飽。
然而，
如果你是一個不管自己是否正在餓肚子、
先管別人有沒有吃飽的人，
這個社會，
應該怎麼樣都不會讓你餓死吧？
我期待大家都能看見那樣子的社會。

☆ Free shop：免費商店

回到屠宰場。

我們占領的這一棟建築，主要有兩個出入口：一個是前方的大門，另一個則要從遠方的倉庫爬進二樓的窗戶裡——前面一個多月，我們沒有鑰匙的時候，都得靠這種方式進出。大夥的生活空間幾乎都在二樓，至於一樓的空間，平常幾乎都是鎖起來的，安東尼亞跟我說，一樓目前只有一間錄音室，他們還打算利用一樓的空間來辦活動或是開個商店什麼的。

「這個地方根本沒有人會經過，商店怎麼可能開得起來？」我問。

安東尼亞對我「嘿！嘿！」了兩聲就不講話了，故意跟我賣關子。

幾天後，當我準備去學校，經過一樓時，發現平常緊閉的大門竟然打開了，安東尼亞他們正在裡頭整理一大堆的衣服。我發現這些衣服和堆在房間裡頭的東西，有很多都是之前丟在路上被我們撿回來的垃圾，原來那些東西全都放在這裡，我猜他們可能要做二手商店之類的吧！等我上完課回到屠宰場，安

東尼亞她們還在那邊，她拿起了畫筆，開始在門的兩旁寫上招牌：「Free Shop」。

「免費商店？」我之前聽他們用克羅埃西亞文聊天時，有聽到過好多次，但我一直以為他們是在講「Flea Shop（跳蚤商店）」之類的東西，想不到竟然真的是免費的商店！我接著問：「這是什麼東西，裡面的東西都免費喔？」

「當然就是免費啊！不過我們現在還在籌備，要再過幾個禮拜才開放，你看看有沒有喜歡的東西，可以先偷偷拿走。」安東尼亞說。

兩個禮拜後的一天早上，有別於平常睡到十二點才起床的正常生活作息，大夥兒一大早就起來忙東忙西的，有人掃地、有人拖地，有人則忙著處理昨天從菜市場拿回來的剩菜準備煮飯，我和莉亞去麵包工廠買麵包回來，這次比平常多買了一袋，廚房裡瞬間湧入大量的麵包。

我們將菜市場淘汰掉的食材煮成的蔬菜湯，以及前一天下架要給豬當飼料的麵包，一起拿到屠宰場一樓戶外，還有不知道從哪裡生出來的熱紅酒，最後，拉出倉庫裡的桌椅跟沙發，準備開始今天的活動——免費商店開張！

免費商店，顧名思義，裡面所有的東西都是免費的。免費

商店裡的東西來源主要有兩種：一種是大夥兒平常在路上撿回來的垃圾；另外一種就是他們透過號召親朋好友，在活動當天順便帶來的他們用不到的東西。除了衣服、鞋子、外套、圍巾等服飾類之外，也有許多的書籍、CD、茶杯器皿和鍋碗瓢盆，還有小朋友的玩具等等。

這樣看來，免費商店其實有點像是二手商店或是以物易物，但卻少掉了這兩者各自的問題。如果是二手商店，無論販售的東西成本多麼便宜，顧店的營運成本還是要顧及。我常常看到二手市集的攤販婆婆，一大早就帶了好多東西過來，結果坐了四、五個小時收攤回去時，可能只賣掉了一件舊外套。就算那件外套不用成本，我想沒有人會覺得那個婆婆在大太陽底下坐了四個小時的工錢，只值那件二手外套的金額吧？

至於以物易物的模式雖然很棒，但是往往尋找合適交易對象的過程太過繁複，常常是我想跟你換香蕉，但是你根本不需要我帶來的芭樂……

「歡迎拿走任何你們有需要的東西。」安東尼亞不斷跟各個進來免費商店的朋友們這樣子說著。

所以，免費商店的宗旨是：「Take or Leave.」，帶走你需要的，或是留下你不需要的。重點是，你並不需要帶東西來才有資格拿東西走；同樣的，就算你帶東西過來，也並不一定要拿東西回去。

有些人家裡頭真的就是有太多東西，他來免費商店的目的就是要將東西給處理掉的，如果硬逼他再拿一些東西回去好報答他，其實根本是在折磨他。有些人家裡根本就什麼都沒有，他們非常需要避寒的衣物或是煮飯的鍋子，我們完全不會覺得這些人只拿東西而不付出東西的行為應該被譴責，因為免費商店裡的東西原本就都是要被丟掉的。我們的目的本來就不是為了賺錢，而是希望能夠重新賦予這些被遺棄的東西，一個重新被珍惜、使用的機會。

「但是，會不會遇到有心人士跑到免費商店來，然後將店裡頭的東西全部都拿去賣錢？」這是一般人對這種行為的質疑。

要解決這個問題其實非常簡單，這間免費商店平時沒有開放，當然也就不需要人顧店。而會過來的人，全部都是大夥認識的朋友，他們只有在清楚跟對方說明免費商店的理念，以及確定對方是可信任的人的時候，才會邀請他們到免費商店來。

　　我們甚至不希望這間免費商店變得太有名，更不希望有許多人千里迢迢來到這邊拿東西或是放東西。免費商店是一個極度簡單的概念，我們需要的不是一個巨大的免費商店，而是要將這個概念散播出去，讓大家可以輕易的在附近巷弄就可以找到拿東西、放東西的免費商店。免費商店不需要成本，需要的只是一個空間，可以是一間倉庫、一個房間，或只是一個箱子。

　　當天的活動，我們在食物旁放了一個桶子，大家可以完全依自己的喜好決定要給多少錢，不給也沒關係。我很喜歡這個點子，我們並不是為了要別人付出什麼才為他們準備那些食物的，雖然食材和調味料都非常便宜，甚至不用錢，但是對這群幾乎沒有工作的人來說，仍可能是種負擔；同時，我們也不希望那些窮學生或是遊民，還要付錢才能吃這些原本就要被丟掉的食物。我們也知道，還是有一些比較富裕的人非常認同我們的活動，我們也非常樂意接受他們的支持。

　　一個月後，克羅埃西亞開始下雪了，我從臺灣帶來的衣服根本無法應付下雪的天氣，於是我打開免費商店的門，這扇門其實一直都沒有上鎖，只是因為實在太重了，正常人不使盡吃奶的力氣根本打不開，所以也就以為它是鎖起來的。

　　我到免費商店裡拿了一件可以讓我當被子的大衣、圍巾，

甚至還找到了合腳的雪靴，就這樣安然度過了寒冬。當我學期結束要回臺灣前，我將這些衣服和雪靴洗淨後，再度放回免費商店裡，再加上一些我不想帶回臺灣的衣服。就在關門前，我又進去多拿了個紀念品回家——這裡面竟然可以找到一個 Prada 的包包！

☆ Free tour：免費導覽

「如果等一下有人問我跟你是啥關係的話，不要說你是找我來當導覽的，就說你是我朋友或是沙發客就好了。」在火車站見面寒暄後，錢尼將帽子壓低跟我說道。

「OK 啊！反正我們本來就是沙發客的朋友啊！」我笑著回他。

來到薩格勒布的前一晚，我在「沙發衝浪」上看到個叫錢尼的人在做免費導覽，便很興奮的去詢問了，一方面我對薩格勒布完全不了解，另一方面則是我對免費導覽這件事情真的非常好奇。

　　兩天後，我參加了這個免費導覽的活動。錢尼是薩格勒布大學新聞系大六的學生。為什麼念到大六？新聞系這麼難念嗎？

　　「當然不難念，只是我現在在一間報社打工當記者，如果我畢業，失去了學生身分，公司就無法負擔我的勞保、健保，他們就不會用我了，所以我得想盡辦法不讓自己畢業。」錢尼這樣跟我說。為了工作而延畢，這種理由我還是初次聽到。

　　錢尼的導覽真的很好，走在上、下城區，信手拈來都是有趣的歷史和容易忽視的巧思，像是隱藏在整座城市各個角落的九大行星、城市中唯一幾個還在用人工點燈的路燈，以及藏在街角傳說中用來防止巫女的六芒星……等等連當地人都不知道的故事，他絕對不輸專業導遊，甚至更甚而之——因為對象只有我一個人。

　　錢尼把客群鎖定在人數少的背包客，他到薩格勒布市區周圍的青年旅社去談，跟他們說如果房客有想要聽城市導覽的話，可以打電話給他，他就利用工作跟課餘的時間來導覽。

　　名義上是免費的，但是如果他們覺得滿意，也可以隨自己喜好給錢尼小費。免費導覽也可以稱做自由導覽，我當時沒給

小費，而是請錢尼推薦一間他覺得不錯的餐廳，我請他吃飯，結果那間餐廳變成我在克羅埃西亞除了學生餐廳外唯一會去的餐廳。

「為什麼你會想在薩格勒布做免費導覽？」我問他。

「在歐洲，幾乎每個稍微有點規模的城市都有人在做免費徒步導覽，他們是有組織的，每天都會有志工在固定地點、時間點免費帶遊客走路逛市區，柏林、布拉格、維也納都有。為什麼克羅埃西亞就是沒有？」

錢尼說：「在克羅埃西亞，一個專業的導遊一個小時要價至少二、三十歐元（約臺幣 1000 元），如果是一整團的觀光團那倒還好，像是一般自助旅行三、五人的背包客，根本負擔不起這種價錢。但是，其實這個城市多得是想要介紹外國朋友認識他們心愛城市的克羅埃西亞人啊！」

「那為什麼不去考一張導遊執照？」我問他。

「考一張導遊執照要準備 700 歐元（約臺幣 28000 元），我沒那個錢，而且我只是做好玩的而已，本來就不是要賺錢，我只在有空的時間接待我喜歡的客人。」

　　雖然他做的事情聽起來很棒，但是卻也遇到了許多麻煩，因為那裡可是有許多砸了 700 歐元取得導遊執照的職業導覽員，即便錢尼導覽的客群都是一些不太可能會請職業導覽的散客，但是這種行為仍然引起了當地導遊的極度不滿。他們開始在網路上發文章攻擊免費導覽，說他們不專業、有危險、沒保障之類的，甚至曾在錢尼導覽的時候叫警察來趕他，如果沒有執照幫別人導覽，被抓到要罰錢，所以他一開始才叫我不要隨便跟別人講他在做免費導覽。

　　老師、醫生、工程師、公務員、廚師，各行各業都一樣。曾經，為了避免同業間術語的不同、技術的落差、不道德的行為，各個行業紛紛成立公會，並訂立各式各樣的規範。總算到了今天，老師們上課的教材大同小異，醫生寫的病歷拿到每間醫院都看得懂，工程師計算的公式及安全係數都有了規範，政府發案子不再靠關係而是公開的招標。

　　無論要做什麼行業，只要有了那張執照，就代表了他有令人信服的技術。但同時，幾乎每個公會也都面臨了類似的問題：公會發展到最後，從原本為了員工福利而設，變成了為了監視

員工，甚至發展出交易權利的行為。而原本是為了人員技術標準化的執照，現在卻是用來壟斷市場，沒有執照就不能做那份工作：沒醫生執照不能幫人看病、沒建築師執照不能蓋房子、沒教師證就不能教書、沒有機標章就不有機。

當然，專業能力真的需要一個標準來認證，但是執照存在的目的，似乎已經越來越偏了……

☆ Free garage：免費腳踏車修理站

在沙發主的協助下，我在跳蚤市場用 150 庫納（約臺幣 750 元）買到了一臺不能煞車的腳踏車。一直到了星期四，我循著莉亞信中的指示，找到了那間一個禮拜只開一次的腳踏車修理站。協助我的是一位德國留學生，他看了看我的腳踏車後說：「你這個零件我們這邊沒有，你要自己去附近的腳踏車店買。」

說著他便將零件的名字寫在紙條上交給我，讓我先去買回來，之後再教我怎麼自己將煞車修好，並教我把充滿鏽斑的鏈條拆下來泡潤滑油。

　　這是一間非營利的免費腳踏車修理站，裡頭塞滿了各式各樣被拆下來的腳踏車零件，還有各式各樣修理腳踏車會用到的工具。平常只要有需要，人們都可以來這間車庫自己修理自己的腳踏車，像是打氣筒或是補內胎之類的工具這邊都有。

　　每個星期四下午五點開始，他們會有志工到修理站來幫忙，通常每一臺腳踏車都會耗費半個小時以上，不是因為那些志工技術不好，而是那些志工是被規定「不准動手」。所以志工通常都是站在一旁指導車主，如何用自己的雙手把自己的腳踏車修好，一邊死命的克制住自己不能手癢去幫他們。如果車庫裡頭剛好有需要用到的零件，他們可以免費提供，但是沒有的話，他們會請車主去別的腳踏車店買回來。

　　「如果時間夠多，你甚至可以從那個車庫裡自己拼出一臺完整的腳踏車。」莉亞在信中這樣子跟我形容。

　　他們的理念是想要把腳踏車的知識重新還給大眾，他們覺得這是每個人都應該有的基本技能。你不需要知道怎麼生產一臺腳踏車，但是打氣、補胎、換煞車線這類的事情，只要有工具，每個人都應該做得到，沒必要把這些技術都外包給腳踏車

店。所以他們免費為所有人提供修車的知識和工具，但基本上不提供服務，也就是說他們會在旁邊指導車主自己修腳踏車，這是他們非常堅持的一個準則。

志工不是店員，接受他們的幫忙不需要付錢，但他們也沒有義務接受車主的指使。

他們在出口處的桌上放了個桶子及一本記錄簿，顧客可以在簿子上簽名，寫下自己的感想，也可以捐一些錢到桶子裡面，那些錢主要會用來買啤酒和點心招待志工，他們也很歡迎大家之後過來幫忙指導其他人。同樣的，要捐多少錢、要不要捐錢甚至要不要來幫忙都是完全自願的，就算什麼都不做，他們也無所謂。

☆ Free course：艾力克斯的雜耍人生

跟馬可幾乎同時來到屠宰場的外國人，是來自希臘的艾力克斯，他們兩個都是雜耍表演者。一開始，我幾乎都在跟馬可聊天，因為當時屠宰場裡頭只有我們兩個聽不懂克羅埃西亞語，所以往往別人在聊天時，我們兩個都會另開自己的小視窗。剛開始我對艾力克斯的印象就只有「這個長年住在廢墟裡

的 Freegan 也太愛乾淨了吧！」他每天都可以找到不太乾淨的地方，然後就要號召全員來解決這個「嚴重」的問題。

　　一天早上，我跟艾力克斯爬上了屠宰場的屋頂，要將積雪清掉，我才漸漸開始了解這個希臘籍吉普賽人。艾力克斯雖然不是克羅埃西亞人，但是他在塞爾維亞和克羅埃西亞待了好一段時間，所以克羅埃西亞文非常流利。過去五、六年來，艾力克斯都住在巴爾幹半島各地的空屋，沒東西吃就去菜市場撿丟在地上的蔬菜回去吃，他本身也是一個超級厲害的 Vegan 大廚，煮出來的食物都超神奇的。但真正有趣的，是艾力克斯所謂的工作：

　　艾力克斯會倒立、騎單輪車、扯鈴、拋鈴、耍火還有丟球（他可以一次丟五顆耶！），之前旅行無聊的時候，他會到市中心廣場或是觀光景點去，開始表演雜耍當小丑。他可能表演個一小時，就可以收到許多人的小費了。不過這個 Freegan 平常根本用不到那麼多錢，表演賺的錢就算不多，他還是花不完。

　　「所以，我表演完以後，就會拿著那些錢到超市裡去買一瓶啤酒……沒辦法，我在超市垃圾桶找不到啤酒，而且我喜歡

喝冰的。然後，我就回到街上，一邊喝啤酒，一邊把剩下的錢全部送給路上的街友，或是看起來需要錢的人。我本來就不是為了賺錢才去當雜耍藝人的，我之所以表演雜耍，只是因為我喜歡別人看我表演時露出的崇拜眼神，我喜歡那些小朋友跑過來看我變魔術給他們看。街頭賣藝是我的興趣，而我真正的工作，你就當作是把這些憑空飛來的錢拿去送給需要的人吧！」接著他把鏟子上的雪故意往我身上砸，溜下屋頂說他要去泡土耳其咖啡給我喝，留我一個人站在屋頂上發呆。

　　屠宰場裡頭，的確都是一群無業遊民，但是跟一般人所想不同的是，這些人無業的原因不是找不到工作，而是因為他們有辦法不需要每天工作八個小時，依然可以過得很輕鬆自在。因此，他們比一般人每天多出了八個小時的自由時間，種菜、蓋房子、玩音樂、練習雜耍，還有——幫助別人。

　　他們身上幾乎沒什麼錢，可是卻有整天的時間能無條件幫助別人，並試著讓這個社會變得更好。

　　當艾力克斯和馬可第一次組隊去街上表演後，他們賺了大約臺幣一、兩千塊的小費，安東尼亞整個大叫：「天啊！我們

快變成百萬富翁了！」她那個表情總是讓我想笑。

後來，我們開放了樓下另外一間倉庫，就在免費商店旁，我們稱之為免費工作坊。我們邀請附近對雜耍有興趣的鄰居一起來學雜耍，因為馬可和艾力克斯本來就要練習，不如趁練習的時候把道具都帶出來，順便教有興趣的朋友們——完全都是免費的，大家也可以順便去免費商店拿東西。

當有人問：「你們這樣完全不收錢是要怎麼活啊？」

我們通常都抓抓頭，然後說：「你看我們不是都活得好好的嗎？反正這些事情本來就不用投資任何東西。」

接著他們又會問：「可是不會賺錢你做這個幹嘛？」

「……就好玩啊！不然咧？」

☆ 剩食餐廳：真的垃圾食物計畫

請想像一下有這樣一間咖啡廳：你進到裡面，可以隨自己喜好去點蛋糕、輕食、濃湯還有咖啡，吃完以後，到了櫃臺準備要付錢，卻發現上面寫著：「想付多少就付多少」（Pay as you feel），當你正在猶豫到底該給多少錢時，跟在你後面進來的兩個客人，一個人吃完飯後，很自然的脫下襯衫到廚房幫忙洗碗，另一個則送上他家冰箱用不太到的食材，準備變成明天的菜單。你抬頭看了一下招牌，上頭寫著：「真的垃圾食物計畫」。

2013 年 12 月，在英國的里茲（Leeds）出現了第一間「PAYF（Pay As You Feel）咖啡廳」。如今，這間咖啡廳已經供應了九萬份餐點給超過六萬位客人。

才短短不到兩年，這瘋狂的點子已不再是什麼烏托邦式的社會實驗，真的垃圾食物計畫已經延燒到了英國其他地方，像是曼徹斯特、布里斯托（Bristol）、索爾泰爾（Saltaire），甚至到了洛杉磯、華沙和蘇黎世等地，串聯了 110 間相同概念的咖啡廳。

「這讓來自各行各業的人可以聚在一起，沒有金錢，也就沒有利害關係。人們開始成立真的垃圾食物計畫，因為他們已經受夠了這個社會，而且開始關心周圍的其他人們。」

「想付多少就付多少並不代表免費，這是要人們去衡量生

產出這個食物所需要的人力、資源、時間和環境，然後相對應你覺得這些食物應該值得怎麼樣的付出。只是在這邊，除了金錢以外，時間和勞力也都可以被視為貨幣。」

「所以，有的人會擦窗戶、拖地，還有人會換電路管線。他其實可以付錢，但對我們來說，他幫我們換管線的價值，其實比直接給我們金錢還要高。」

這個計畫的另外一項重點，從他本身的名字就看的出來了：「真的垃圾食物計畫」。也就是說，咖啡廳裡所供應的食物，真的都是被當成垃圾的食物！

他們的食物來自四面八方，有麵包店下架的麵包、餐廳淘汰掉的食材、菜市場賣不出去的蔬菜，或是真的就去超市Dumpster Diving，甚至是食物銀行。

「食物銀行非常誇張。很多人覺得食物銀行是個好方案，它在社會層面上真的很好，但是在環境上卻浪費了非常多的食物。所以每個禮拜，他們都會把食物送到咖啡廳來，然後請我們拿給民眾吃。我很疑惑為何不能給弱勢吃？他們說因為日期

標錯了，他們不能給。但是卻可以讓我們拿給一般民眾吃？」

這兩年來，這些所謂「不能吃」的垃圾，供應了上萬人豐富營養的餐點，但是從未有人吃壞肚子過。

「真的垃圾食物計畫」用可能會被丟棄的食物，供應餐點給一般民眾吃，而咖啡廳營運所需的人力從清潔、採集食物、運送到料理，幾乎全由志工及來吃飯的顧客協力完成。他們盡量用最簡單的方式料理，一方面維持食物的原味，一方面則是試著教育來吃東西的客人怎麼料理食物。

他們認為，在英國有許多人會饑餓的原因，在於他們根本不知道怎麼料理食物了。現代人對於食物是如何被料理、怎麼被生產這方面的知識，已經匱乏恐怖得嚴重。

「如果你改變不了你的小鎮，你要怎麼改變得了這個世界？」

常常有人聽到我在做的事情都會說：「喔！這個很多慈善團體或宗教團體都已經有在做了，快到期的食物有食物銀行會回收，舊衣服或是二手物資也到處都有人願意提供給災民或是

弱勢族群，許多寺廟或是教會也會提供食物給遊民吃，這些需要的人都已經有非營利組織在幫忙了。」

但是，我並不想要當好人或是善心人士。

驅使我想要做這些事情的，一直都不是愛心或同情心，而是憤怒！

我憤怒的，是媒體整天遊說我們說你很醜、很失敗，要穿這個、要吃這個、要買那個才可以。我們消耗了一大堆資源、剝削了一大堆員工在生產、設計、運輸這些物品，卻還是不斷蠱惑人們把可以用的東西丟給慈善團體，再去買全新的以「促進發展」。

我憤怒的，是我們汙染了那麼多土地、水源、空氣，傷害了那麼多動物，付出了那麼多農民、工人的勞力，生產了這麼多的食物，又消耗了那麼多能源跟石油運送這些食物，加上包裝和冷藏，最後卻把這些犧牲及心血，理所當然拿去當堆肥，然後嘆口氣說：「這也是沒辦法的事！」

我憤怒的，是讓那些人不管再怎麼努力工作都養不活自己的現實，而這個社會卻放任這些情況持續惡化，同時逼著那些人拋棄自尊，去倚賴社會福利和慈善單位！

「真的垃圾食物計畫」不想要用憐憫的方式發送食物給窮人吃，它想要創造出一個每個人都可以有所貢獻的空間，無論是用金錢、勞力、時間或技術都可以。比較有錢的人，可以隨意付個幾百塊，對他來說完全沒問題，他甚至有機會在這邊吃到雖然過期但其實更健康、更安心的食物；比較窮的人，則可以來一起幫忙料理或是清潔，他們也會因為自己能參與其中而感到驕傲，而不再只是一味地受別人同情。

　　法國最近通過新法案，規定超市不准將還可食用的食物丟棄，必須捐給食物銀行或是慈善團體。我本身認同這個法案，至少政府終於願意在政策上開始面對這個嚴重的問題，但同時也擔心是否會衍生出新的問題——如果所有的超市或食品工廠都把食物銀行當做最終解決方案，將剩餘的食物丟給他們來換取減稅，卻不正視「為什麼會有那麼多食物被淘汰」這個真正的問題，而食物銀行沒辦法處理那麼多的食物，反而成了浪費的最末端……

　　「我們要餵飽這個世界，而且在我們達到之前不會停止。」

☆ 不能收藏的書：無價書計畫

「空屋筆記」這個部落格裡的文章，幾乎都是以「要放在書裡」的心態寫的，然而部落格裡的內容，尤其是關於我在克羅埃西亞屠宰場裡頭的經驗，本身就充滿了濃濃的反資本、反消費主義思想，這樣子的概念其實非常難被當成一般書籍來出版，你賣一本介紹如何不花錢還是可以過得很開心的書，就好像出版一本教別人不要破壞森林的書，結果書裡的紙卻是森林裡頭砍下來的樹木做的。

我的文字不會有智慧財產權，我不介意任何人以任何形式去轉載或是拿去利用。當然，我還是會希望大家不會拿去做商業用途，如果真的被拿去亂用的話，我會非常難過。

但也就只是非常難過而已。

而且，我如果出書，書裡的內容基本上會完全跟部落格一樣，甚至還沒有圖片。書本的功用，主要是讓那些平常接觸不到網路訊息的人，有一個現實生活中的媒介，他們真的有興趣的話，去部落格裡頭看照片和影片就好了，我也完全沒打算用

彩頁的或是什麼漂亮的裝飾。（都說是筆記了，還做那麼精緻幹嘛？）

但對我來說，最大的問題是出在紙本書籍、出版社及作者的生存模式，一整個就超不永續、超不環保的！今天假設我們去書店買了一本書，不管它寫得再好，我們看了一遍，最多兩遍，就把書放到書櫃上，一放好幾年，然後就變成廢紙或是二手書……

這樣超浪費的啊！

今天一本書經過那麼多道手續被印刷出來，結果只給一個人看過一次、兩次就被丟掉，在我眼裡，不管它的材質有多環保，用什麼再生紙或什麼環保油墨都一樣不對。

我可以理解，在現行的體制下，出版社只能依賴這種方式才能有微薄利潤，作者們也必須依靠銷量才能生存，但是，我想試試其他的方式。至少這本我自己的書，我要怎麼搞都沒人管得了我。

我想出一本無價書。

目前只打算印三百或五百本，因為數量有限，所以我只會把書給我信任的人。無價書當然就是無價的，不是不用錢，是沒有價格，你要付多少就付多少，用錢、用香蕉、用擁抱都行。

但是，有一個最重要的條件：拿到書的人，必須在一個月內把書看完，隨意的在書上做筆記都沒關係，然後在最末頁簽名、寫下日期，以及留一句給下個讀者的話，之後，再把這本書送給你的朋友，跟他說：「一個月以內把書看完，然後簽名留言，再送給下一個朋友，而且要報備，不准收藏！（想看第二次就自己回部落格看。）」

這樣一來，這本書便不會因為被一個人看過後就變成二手書或廢紙，反而會因為被越來越多人閱讀以後，而變得越來越特殊，它會變得遠遠比全新的書本還要吸引人，那個時候，它才會真正的成為無價書。

預計一本書被十個人或二十個人看過以後，我會回收。然後……再看看要幹嘛囉！也許放到各個圖書館，或是再送出去繼續流浪吧！也許有人會說這個計畫注定失敗，免費的書不會有人想看，或者真的搶得太兇可能有人會偷去拍賣等等，但那

都無所謂，我不打算做什麼太強硬的規定，我希望大家遵守這個遊戲規則，也許，我們真的有機會可以改變「書本」這項物品的流通模式。

但如果大家都不遵守——同樣的，我最多也只是非常難過而已……

（編註：為配合書店結帳作業，若您在書店購買本書，將依封面標示之定價銷售。想支持無價書計畫的朋友們，歡迎到「SOS 募資平台」支持空屋筆記的寫作計畫。）

網址：https://sosreader.com/project/house_note/

第六章、來自陌生人的訊息

✦ 富裕的窮光蛋

　　大仔是我在克羅埃西亞遇到的第一個沙發客，他的檔案裡頭只有簡短的自介，沒什麼評論，甚至連看得到臉的照片都沒有。但是我卻從他僅有的一則評論及自介裡頭短短的幾句話，決定寄信過去給他。

　　「我相信透過人們彼此的分享，受益的絕對不單只是你我雙方，而是終將擴及到整個世界。」大仔在上頭寫到。

　　2012 年 9 月，從法蘭克福搭了十幾個小時的火車，一路殺到薩格勒布來，我對這個即將占去我半年時光城市的第一印象是：「這裡不是南歐嗎？怎麼可以這麼冷？」

　　打了通電話給大仔，他叫我在火車站等，他會開車來載我。大約二十分鐘後，頂著一顆光頭的壯漢，走了過來向我握手打招呼，他的手因為外頭飄雨而有點濕答答的。這是我跟大仔第一次見面，也是我在克羅埃西亞認識的第一個人。

　　坐在大仔那輛即便在克羅埃西亞都還是異常顯眼的南斯拉夫小車上，大仔開始跟我說明他的狀況：他在船上當了好幾年

的水手，現在在一間麵包店做麵包，不過他是做晚班的，所以他載我回去以後，差不多就要再出門了。

到了大仔極度簡單的家中，他泡了兩杯咖啡，一杯給我，一杯拿到電腦桌前，邊喝咖啡、邊將大麻混到菸草中，然後開始抽大麻。他小小抱怨了一下，他的大麻快用完了，他怕沒有大麻會很暴躁。雖然我並不是第一次看到別人抽大麻，但心裡默默的對這個單身光頭男子起了些許戒心——我並不覺得大仔是壞人，但我相信在大多數人的眼裡，他真的非常奇怪，無論是他的行為或是說話方式。

我在他家的生活模式幾乎每天都一樣。夜晚，大仔去上班，我睡覺；早上，大仔帶著麵包回來，我們一起吃早餐；接著他就去健身房運動，然後中午回來跟我一起吃午飯；吃完飯，下午大仔就要上床睡覺了，而我則出去市區或是學校晃到晚上八、九點再回去，大仔那個時候差不多就要起床泡咖啡、抽菸了。

到了第三天還第四天，大仔用電腦用到一半時，突然轉過來說，他有重要的事情想跟我說。

「那個……有件事情我覺得應該要讓你知道……」大仔表情整個慎重認真。

「什麼事情？」他的表情讓我跟著緊張了起來。

「我是同性戀。」說完後，大仔馬上伸出雙手以防我暴走，「但是你不用擔心，我真的不會對你怎樣！」

「我對你一點興趣都沒有。」他又補上了一句。他講得越誠懇，我越是哭笑不得。

我到底該開心還是該難過啊……

「我很看重你這個朋友，所以我不希望你認識的我，只是我裝出來的那個人，我希望能在你面前表現我真正的樣子。」大仔這麼對我說，而我當下完全認同他的想法。

我寧願因為做自己被討厭，也不要因為偽裝成別人而被喜歡。（I would rather be hated by who I am, than loved for who I am not.）

不過大仔所謂真正的「做自己」，倒是有點出乎我預料之

外。跟我出櫃之後，大仔開始自在的在我面前開啟同志專用交友網站，甚至還抓我過去一起評論那些男人。那些男人的檔案大致分成三種：大頭照、半身胸肌腹肌照，還有⋯⋯嗯！對！

我一開始只預計在大仔家住三天，結果，大仔他們麵包店突然出了點意外，那幾天人手不足必須加班，他整個火大到不行。他問我可不可以在他家多留幾天，如果我能幫他煮飯、洗衣服、遛狗之類的，他在加班後就還能有少少的時間可以去健身房運動（原來一切都是為了去健身房）。

他每天健身回來都會問我，有沒有覺得他變壯了？我終於了解大仔為什麼對健身那麼狂熱，他說他至少要把肌肉都練出來了，才能去找其他男人。

某天，他突然重重的捶了一下桌子，站起來說他受不了了，打了通電話之後，就帶著我一起開車出去。

「你要去哪？」我問大仔。

「我已經一個禮拜沒有吸大麻了，我怕我再不抽會很危險。」他開到一個偏僻的地方，叫我待在車上，接著就逕自走出去跟一個男人面交，我則待在車上幻想著一輛輛警車包圍我們的畫面。

不到三分鐘，大仔回來了，拿著一小包東西在我面前晃了晃，接著默默坐在駕駛座上，看著方向盤沉思。靜默了近一分鐘後他才開口：「你有看到那個男生嗎？他是我的前男友。」

　　我差點噗哧笑了出來。這根本一整個超展開！

　　「你覺得他對我會不會還有感覺？」大仔幽幽的開口。與其說是在問我，還比較像是在問他自己。

　　該怎麼說呢？大仔的生活，規律單調到不像是個正常人。他一個人在夜晚的麵包店工作一整晚，平常也不跟朋友見面，甚至吃著沒有變化的食物（他可以整個禮拜都吃同樣一道菜），他的生活重心，似乎就只有上健身房。

　　但真正恐怖的是，他非常享受著這樣子的生活。他每次喝咖啡、抽菸和吃他那一千零一道料理時，臉上露出的幸福表情都像是這輩子前所未有的享受，我從來沒有遇過物質需求像大仔這麼低的人。

　　然而，我在他家的那兩個禮拜，雖然是我幫他煮飯，不過食材都全都是他買回來的，他也不讓我幫他買東西，因為他什麼都不需要，我也不知道能買些什麼給他。

　　「我現在有工作，而且有地方住，我比你安全，你只是個

學生，還是個外國人，我的錢是活的，你的錢是死的，錢給我好好留著，等到真正有需要的時候再用吧！」他在我第一次買水果回來時，這麼跟我說。

　　我在他家當管家，又待了快兩個禮拜。

　　就在我準備離開大仔他家前兩天，問題出現了。當時大仔家還沒有光纖，所以要上網必須要插一個外接的隨身碟網路卡。那天，大仔電腦用到一半，隨身碟裡頭的額度用完了，Youtube 播放中的音樂就這樣嘎然停止，大仔轉頭問我，可不可以幫他去儲值，順便買包菸？他邊說邊從口袋拿出錢包掏錢給我，但是他錢包裡竟只剩不到臺幣 100 元的庫納！他罵了聲髒話，尷尬的跟我說，他沒想到網路會這麼早用完，他還要過兩天才會領到薪水，問我可否先借他一點錢讓他先儲個值？我聽到的當下全身起了雞皮疙瘩。

　　「馬的！這傢伙是白癡嗎？」我心裡頭狂罵。

　　好不容易拗到願意讓我幫他出錢後，我就騎著腳踏車出門去儲值和買菸。一邊騎，一邊覺得自己的腦袋剛剛整個被炸飛了。買菸加儲值，全部也不過才臺幣兩、三百塊而已，這個傢伙身上都已經沒錢了，完全是個月光族，竟然還死不讓我幫他

分擔一點！

「錢不夠我菸少抽一點會更健康。」我腦海裡浮現他不久前跟我說的話，這個白癡……

有多少人，整天喊著自己沒錢，但是仍然買得起 iPad、iPhone 或是吃到飽的網路，他們有沒錢到身上湊不出一、兩百塊嗎？

有多少人，喊著經濟衰退、工作辛苦？這個每天工作十二個小時夜班的塞爾維亞人，所得幾乎只夠他餬口，卻還是很滿意自己的生活。

有多少人，會在自己都快沒錢的情況下，還願意幫助別人？而且還是個陌生人？

「你知道嗎？克羅埃西亞人很怕塞爾維亞人，新聞整天在講塞爾維亞人戰爭時殺了多少克羅埃西亞人。但你知道嗎？克羅埃西亞人還不是殺了很多塞爾維亞人，有什麼好吵的，那就是戰爭。」大仔接著開始一連串很可愛的碎碎唸。

他開的那輛南斯拉夫老車，是用 200 歐元買回來的二手車，二十年前，克羅埃西亞這樣的車子到處都是，但現在幾乎都找不到了，也沒什麼人敢開。

「因為這種車子是塞爾維亞那邊生產的，所以我故意要開這樣的車，讓大家知道我是塞爾維亞人。」大仔對我說。

十幾年前，大仔從塞爾維亞流浪到了克羅埃西亞，他必須要找一個人幫他簽名，好讓他辦簽證，大仔找上了他姑姑，但是他們卻不敢蹚這淌渾水。當時因為戰爭的關係，克羅埃西亞人非常憎恨塞爾維亞人。

大仔可以理解他姑姑擔心被別人說話的難處，但他那時候已經山窮水盡了，他獨坐在咖啡廳門前煩惱著。這時候，一對克羅埃西亞夫婦過來問他為什麼坐在那裡，當他們知道大仔的處境後，當場跟他要了申請單，二話不說就直接在上頭簽名，並問他：「你如果還沒有工作，就先來我們家住，我們可以試著幫你找工作。」

就在這對陌生夫婦的協助下，大仔辦好簽證、找到工作，在克羅埃西亞安定了下來。大仔在當地生活的那幾年，那對夫婦前前後後還資助了他近兩萬歐元（臺幣七、八十萬耶！）。

當然，最後大仔將那些錢一點一滴還清了。但對大仔來說，那是他完全無法想像的情境。為什麼連他親戚都做不到的事情，這對非親非故的夫妻竟願意為他這位陌生人做到如此？他們當時對大仔說：「你不用感到不好意思，我們知道你現在

比我們更需要，你也不用煩惱要怎麼回報我們。」

　　大仔心中的世界就像是烏托邦，他認為這個世界上的車子、手機、相機……等所有的東西，基本上都已足夠全部人使用。車子就在路上，想用就去開，開到目的地就放著讓別人開走；想用相機什麼的就去拿，用完再還回去就好。這樣一來，所有的東西都可以被最有價值的運用，而不是什麼都是「養兵千日，用在一時」。大仔做麵包，他只要知道有人因為他的麵包而填飽肚子，自己對社會有貢獻，這樣就夠了。

　　就客觀條件來說，大仔並不是個我會輕易介紹給別人的沙發客。他在室內抽菸、吸大麻、有時候情緒不穩定，會在你面前看別的男人的生殖器官。我相信對某些人來說，住在他家會是個恐怖的經驗，他甚至可能會得到負評。但是對我來說，大仔也許不是個最好的沙發客，但他絕對可以稱得上是影響我最深的沙發客，而我非常珍惜這個特別的經驗。

　　搬到屠宰場後，我又去找了一次大仔。有趣的是，那天他剛好放假，所以他的作息是正常的，也就是說，我們當天晚上要一起睡同一張床。

　　睡覺前，他很認真的跟我說：「你確定你不會介意齁？如果你會不舒服的話就跟我說，我可以去睡外面的沙發。」

「大道之行也，天下為公。

選賢與能，講信修睦，

故人不獨親其親，不獨子其子。

使老有所終，壯有所用，幼有所長，鰥寡孤獨廢疾者皆有所養。

男有分，女有歸，

貨惡其棄於地也不必藏於己，力惡其不出於身也不必為己。

是故謀閉而不興，竊盜亂賊而不作，

故外戶而不閉，是謂大同。」

——《禮記·禮運大同篇》

☆ 沒有目的的旅行

距離正式開學還有兩個禮拜，既然我沒有宿舍，整天在城市裡頭流浪，倒不如趁這個時間去看看克羅埃西亞的其他地方。我把大行李留在沙發主家，然後背起大背包，回到路上搭便車。

第一天，我搭到一個年輕女生的便車，開著她的兩人座小車，一路頂著強風，成功移動到了一個海港城市，並在我下榻的青年旅社床邊，發現了用麥克筆寫著這個城市的便車紙板。

隔天早晨，我在市區裡晃了晃，覺得沒什麼好玩的，便慢慢走出市區，開始邊走邊將左手舉起來，向後方搭便車。然而，從市區走到郊區，再從郊區走到另外一個市區，最後又離開了那個小鎮，開始走進山路，不知不覺竟已走了五個多小時，而這一路上完全沒有任何一輛車子停下來。我開始覺得有點悶，晚上要睡哪裡之類的煩惱也隨之一起湧上。

我下定決心停下腳步，轉身面對車潮，開始認真搭車（其實也是因為腳痠了）。當下我並沒有特別想要去哪裡，搭便車的目的，只是因為太無聊了，想找個人聊天。

結果很快就有車停了下來，一個我完全搞不懂她在 HIGH

什麼的阿姨。她叫我上車後，就一直劈哩啪啦跟我說她知道我是 Hitchhiker，她會帶我去最好搭車的地方。接著整個橫衝直撞開到高速公路的紅綠燈前，然後把我趕下車，叫我在安全島上搭車，最後很開心的跟我說聲掰掰後，她就開走了（從上車到下車間我可能沒有說超過兩句話）。

接著我在這個完全沒有概念的偏遠高速公路上的紅綠燈前，一整個騎虎難下，如果真的沒搭到車的話，就得受困在這個安全島上了。將近五分鐘後，我才看到第一輛車出現。

神奇的是，第一輛車就停下來了。車窗搖了下來，是一個滿臉鬍子的精壯老伯，他看了一下我對他舉著的拇指，再看看我的臉，猶豫了三秒鐘，然後——

他開口了：「去……哪……裡……」他用字正腔圓的北京腔對我說。

我在心裡罵了好大一聲髒話，以安慰自己剛剛所受到的驚嚇。在這個詭異安全島搭到的第一輛車，竟然是個會講中文的白人老伯，我差點失去語言能力，不知道到底要如何開口。

定下心後，我抱著些許復仇的心態用中文對著他說：「都……可……以……」

☆ 聖痕老伯

　　鬍子伯伯聽到我的回答後聳了聳肩，讓我坐進他那輛塞滿行李的小轎車。我放好背包並繫上安全帶，看清楚副駕駛後我就笑了，原來是位中國大姊。大姊跟我說他們住在義大利，趁休假的時候從義大利開車來克羅埃西亞度假幾天，當時正準備要回去。

　　跟中國大姊聊天時我才想到，好在我當時是用中文回答鬍子伯伯，因為他不會講英文，只會講義大利文、克羅埃西亞文跟俄羅斯文，還有一點點中文，但就是不會講英文。

　　我突然發現，鬍子伯伯的臉上有著兩道傷痕，看起來像極了十字架。中國大姊跟我說，他們當天早上在另外一個景點，算是宗教遺跡的地方。她拿了手機拍的照片給我看，是石頭堆成的小丘，丘頂上是一座耶穌像，但是不知道為什麼，我覺得那些石頭很像頭顱。

　　中國大姊說，鬍子伯伯好像在那邊說了什麼亂開玩笑的話，結果講完後就一腳踩空跌了一跤，整顆頭顱埋進石堆裡。從石堆中爬起來後，鬍子伯伯的臉上就出現了看起來像十字架的傷痕。聽完我就決定不叫他鬍子伯伯了，改叫「聖痕伯伯」，

因為臉上的十字疤痕實在是太酷了。

對我來說，在克羅埃西亞那個莫名其妙的小地方，遇到會講中文的便車，根本就是個扯到不行的奇蹟。

但他們的驚嚇程度甚至比我還嚴重，中國大姊說他們經過早上的事件後，原本不信邪的聖痕老伯變得比較收斂，結果他們竟然又在上高速公路前看到一個亞洲人站在安全島上面搭便車，聖痕老伯突然感覺到上帝的存在，所以一定要載我。

然而事情還沒結束，因為一個小時後，他們迷路了。

原本他們要到一個靠近義大利邊境的城市，但是卻找不到路，來來回回一直鬼打牆，坐在聖痕老伯的車子上迷路了兩個小時，我們注意到森林中的一座小山丘，山丘上頭坐落著一座小鎮。我正想說那座山怎麼這麼特別時，聖痕老伯竟然瞬間猜到我的心思似的，將手指指向那個山丘對我說：「Motovun.」然後就開始劈哩啪啦講著我聽不懂的義大利文，中國大姊跟我翻譯，說他只是在描述那邊的香菇和橄欖油有多棒而已。

但我當下對橄欖油和香菇完全不感興趣，只是一整個覺得好笑，因為之前就有朋友跟我說，有機會一定要來這個小鎮看看，但因為交通太不方便了，我並沒有認真想過，想不到竟然

因為搭到一輛迷路中的便車，而意外到了這邊。

緊接著，另一件詭異的事情瞬間襲上我的心頭，聖痕老伯既然對這裡那麼熟，怎麼還有辦法迷路迷成這副德性？

當我們第三次回到那間不斷經過的餐廳時，聖痕老伯終於妥協認輸，決定下車去餐廳問路。五分鐘後，聖痕老伯回來了，他跟中國大姊討論完後，大姊向我解釋目前的狀況：「我們接下來會跑到斯洛文尼亞去，你要去嗎？」

「我還是待在克羅埃西亞就好，我可以自己在這裡搭便車沒關係。」我回答，當時並沒有要去其他國家的打算。

「喔！他剛剛在餐廳裡已經幫你問到一個住薩格勒布的家庭，他們說應該可以讓你搭便車。」中國大姊笑著跟我說，然後就帶著我去找那家人。

我從來沒有聽過，便車的車主還幫我尋找下一輛便車的！

聖痕老伯帶著我這個天上掉下來的行李，到了餐廳去見那對即將接手我的夫妻。他們要先跟我當面聊一聊，再決定要不

要載我，可能擔心我是不是從中國潛逃過來的偷渡客之類的。

「你可以說英文嗎？」他們直接用流利的英文問我。

「可以啊！」

「你是從哪裡來？」男生問。

「臺灣，我在薩格勒布大學交換，學期還沒開始，所以我跑出來到處晃晃。」我回答。

夫妻倆個彼此互看一眼，沉默了幾秒，然後男生轉頭對我說：「你知道我是做什麼的嗎？」

「什麼？」他突然其來的問題，令我也愣了一下。

「我在克羅埃西亞賣珊瑚，你知道我們的珊瑚都來自哪裡嗎？」聽完他的問題，我就有了奇怪的預感。

「就是臺灣！全世界有超過半數的珊瑚都是來自臺灣，我跟臺灣人做生意做了十幾年了，從來沒有在克羅埃西亞碰過任何一個臺灣人。我從來沒有想過，竟然會在這種地方、用這種方式，遇見一個臺灣人。」那位先生用他深邃的眼眸望著我，緩緩說道，接著露出微笑，起身跟我握手。

喬瑟夫和蘇西這對和藹的夫妻，很快就決定接下了我這顆燙手山芋。送走了聖痕老伯跟中國大姊後，我跟他們解釋我是在什麼情況下搭到聖痕老伯的車子，也解釋了聖痕老伯臉上傷痕的由來。

喬瑟夫說，他們在餐廳裡吃飯的時候，看到聖痕老伯走進餐廳，卻四處張望著什麼，不像是要來吃東西的。所以當聖痕老伯望向他這邊時，不知道為什麼，喬瑟夫決定迎接他的眼神，點頭跟他示意，才發現這個義大利老伯車上，竟然載著一個臺灣人。

我覺得當天似乎到了哪裡，都可以讓人們感覺到上帝的存在……

☆ 珠寶界的全球化與直接貿易

喬瑟夫的商店主要賣的是珊瑚飾品，他從臺灣買進珊瑚原料，然後在薩格勒布加工製成項鍊、手鍊等飾品。他們在餐廳吃完飯後，要去看看他們位在附近的店面——就在剛剛提到的Motovun。除了珊瑚，他以前也做過許多珠寶買賣，賣珊瑚之前，他長期在印度跟中國經商。

「珠寶這種東西，絕大多數是中國、非洲或東南亞等國提供原料，送到香港跟臺灣這兩處集散地後，再被歐洲公司買下，運到印度齋浦爾切割琢磨，然後送到法國、義大利的名牌精品店。最後，再由大陸觀光客用一百倍或一千倍的價格，開開心心地買回去退稅，然後帶回家鄉……」喬瑟夫說。

除了珊瑚外，他們商店也會販售衣服或包包之類的商品，這個部分就是由蘇西負責。蘇西跟喬瑟夫每年都會有好幾個月的時間，在非洲、南美跟東南亞旅行，一邊旅行一邊拜訪當地的村莊，他們通常會故意去尋找那些比較偏遠貧窮的村落，如果看到有意思的手工品，像是手染的衣服或是手工的包包，蘇西就會將這些東西帶回克羅埃西亞的商店販售。

直到後來我才發現，原來蘇西做的事情，其實就是一種公平貿易，甚至是直接貿易了。

☆ 帶著訊息的人

三天後，喬瑟夫和蘇西將我放在一個海港城市的競技場遺跡前，提醒我回到薩格勒布時，隨時記得到他們家吃飯，然後

跟我這個被他們照顧了三天的巨大行李說再見後就離開了。

再度回到一個人的狀態，我又開始在路上行走，跟喬瑟夫和蘇西倆這幾天來的談話，使我必須將自己丟回孤獨，好好跟自己對話。

喬瑟夫和蘇西這對夫妻，算是我目前搭過最久的便車了吧！他們在完全意外的狀況下，讓我加入了他們的旅程，跟著他們一起巡視商店，邀請我跟他們一起討論之後的營運計畫。甚至，當他們帶著我去拜訪客戶時，他竟然對客戶說：「這位是我們的客人，麻煩請先照顧好他，我們再來談事情。」

三天下來，蘇西一直對我說，我是他們的吉祥物，因為竟然瞬間多出了兩間店面願意跟他們合作，她總是不斷提起他們是多麼幸運，可以在那間餐廳遇到我。

而我又何嘗不是呢？跟著他們倆，我聽他們聊了許多克羅埃西亞各地的歷史，他們之前在中國、印度經商的故事，以及喬瑟夫在南斯拉夫內戰時逃到歐洲的旅行。喬瑟夫也曾在丹麥占領空屋過，而那是二十多年前的事情了。

我從他們身上學到了很多東西，而這一切，如果沒有遇到那個聖痕老伯，如果沒有遇到那個載我到高速公路上的瘋狂阿姨，如果在我獨自行走的那五個多小時，有任何一輛車子停下

來的話，這一切可能就不會發生。

　　我想起一位搭便車環遊世界的克羅埃西亞旅人，在教學影片上說的一句話：「不管你搭便車等了多久，對的那一輛總是會停下來。（No matter how long you wait, the right one will stop.）」

　　「你生命中遇到的每一個人，身後都有一個只屬於你的訊息，人們終其一生，嘗試著去發掘、去解讀這些訊息。」這是喬瑟夫從一個伊朗老先生口中聽到的一句話，這是一段值得讓我花一、兩個小時邊走邊咀嚼的句子。

　　「所以，在這麼莫名其妙的狀況下出現在我們眼前的你，一定有著非常重要的訊息。」我腦海中浮現喬瑟夫那似乎永遠在思考的眼神。

我想在很多人身上找到那些屬於我的訊息，
同時，我也想成為一個能帶給人們訊息的人。

☆ 把護照燒掉的旅人

告別蘇西他們之後的第二天，我打算停止遊蕩，開始準備回程。

我順著腦海中的地圖走向北方，印象中那邊似乎有一條高速公路。然而走著走著，原本廣場的石板路，變成了住宅區的柏油路，再從柏油路漸漸變成了黃土小徑。再走著走著，我發現自己已經跑到森林裡頭了。

再往前走了十多分鐘，我終於看到高速公路了，然而我卻後悔了——高速公路就在百來公尺遠的前方，但是中間卻隔了巨大的懸崖和河谷，根本沒辦法過去。最好笑的是，轉頭一看才發現，我早就已經走到野草叢生的草地上頭，根本看不出來時路徑了。

「我會不會來到克羅埃西亞的第三個禮拜，在一個不知名的森林裡面迷路，然後漸漸老去……」腦海中浮現了這個愚蠢的悲觀念頭。

接著，我看到了一個更令我吃驚的畫面。在不遠的樹幹後面，走出一個只穿著褲子、手上拿著襯衫的半裸老伯伯，我們倆互看了三秒，他緩緩將襯衫披上身，然後就直接從我身邊走過去了！

我看到他都快嚇死了，他在森林裡面看到一個迷路的臺灣人，竟然可以這麼好整以暇的穿衣服。

「這傢伙該不會剛剛在河谷裡頭洗澡吧……」我心想。

他往前走了十幾公尺，轉頭看到我呆在原地，便向我揮了揮手，然後拋下一句話：「里耶卡（Rijeka）。」後繼續走他的路，我瞬間感動到快哭出來，馬上跟上前去。十分鐘後，我們走出森林，回到了住宅區，老伯伯又向我揮了揮手，叫我繼續往前走。

然後他又走回去森林，我整個被弄胡塗了！

當我還在混亂著整理剛才發生的事情，一邊走路一邊思考時，突然被前方的一個背包客吸引住——前面那個爆炸頭，竟然光著腳在正午的柏油路上大搖大擺走著！

「你腳不會痛嗎？」我跟上前去詢問這個赤著腳、輕快走著的爆炸頭，他看起來就不像克羅埃西亞人。

「跟柏油路比起來，走在充滿樹枝的森林裡頭才是真的痛。」爆炸頭很親切的用英文對我這個突然出現的陌生人說。

「那為什麼不穿鞋子？」我又問，我也覺得自己這樣問很奇怪，但我相信絕對有無數個人問過他類似的問題。

「赤腳走路，才能夠跟大地接觸，我想要感受這個地球，就算是痛，那也是真實的。」他停下腳步，正視著我。

「但我還是有鞋子。」他拍拍背包後的拖鞋：「遇到熊的時候，我可能會需要跑快一點。」

我覺得我好像遇到一個蘇格拉底，跟他的對話中到處充滿哲學味。而且，我們還真的一起走到了加油站⋯⋯旁邊的公園。

東尼來自秘魯，一個月前來到了克羅埃西亞，這傢伙身上什麼都沒有，連錢跟護照都沒有。他身上的東西都是前兩天有人硬塞給他的，包括他身上的背包還有外套。他曾經想把那些東西丟在森林裡，結果卻在迷路兩天後又遇到了那個背包，於

是，他便不再執著要把它們丟掉了。

下飛機後沒幾天，他就將身上的錢跟行李全都送給別人，然後四處流浪。通常，他都待在森林裡面，到處摘水果維生。

「然後上個禮拜，我把護照也燒掉了。」東尼看到我驚訝的表情，接著繼續解釋：「因為護照不能代表我啊！我不能接受當我在機場的時候，那些海關竟然要看到我的護照，才願意把我當作是個人。」

他說他相信人是不應該有任何區隔的，無論是性別、膚色、長相甚至是國家。我聽過無數人說過類似的想法，但從未看到有人真的因此拒絕使用護照的。

「那你要怎麼去其他國家？」我問。

「很簡單啊！如果你走馬路或是高速公路，一定會在邊界遇到警察，但其實沒有馬路的地方，基本上就不會有人，像是森林。」說完東尼從口袋裡拿出幾顆李子請我吃。

「那大西洋怎麼辦？你要回祕魯吧？」我拿起李子，想像

他在爬樹躲熊的時候，順手摘了幾顆下來。

「我可以去跟輪船的船長或水手談，總會有人願意讓我上船的，然後我會在登陸之前跳到海裡，自己游過去囉！」東尼心平氣和的講述他荒謬至極的計畫。

我們在公園的長椅上，分享著彼此身上僅有的食物：我背包裡的巧克力，以及他從森林裡頭摘來的李子。

一路上，他遇到很多人想要幫他，但他就很怕遇到有人要給他錢。他可以接受別人載他一程、邀請他去睡沙發或是跟他分享食物，但是他不願意別人買車票給他、請他住旅館或是特地買食物給他。那是我第一次接觸到最極端的 Freegan，即便我是在事後跟莉亞提到時，才終於學到了這個名詞。

我只跟他相處短短半個小時，但和他的對話，卻讓我足足思考了好幾天。

跟這個相處不到一個小時的狂人擁抱道別後，我找到了主要幹道，搭上了便車，一路回到首都薩格勒布，下車前才發現，

載我的那個車主，竟然是我們學校的教授。回到了沙發主家，正式結束這個雖然只有短短幾天，但對我人生價值觀影響重大的小旅行。

第七章：空屋筆記

☆ 查理事件與克羅埃西亞獨立

克羅埃西亞講克羅埃西亞文，塞爾維亞講塞爾維亞文，波士尼亞講波士尼亞文，不過這三種語言是完完全全相同的語言。也就是說，這三個國家的人可以彼此溝通無礙。只是塞爾維亞用的，不是像英文那樣子的拉丁字母，而是像俄羅斯文那種斯拉夫文字，但也只是看起來不同而已，唸起來一模一樣。

簡單來說，這三個巴爾幹國家，幾十年前還是個統一的國家——南斯拉夫社會主義共和國，這也是為什麼克羅埃西亞人是少數會認真將社會主義跟共產主義明確區分開來的國家。

「為什麼南斯拉夫會分裂？」我問喬瑟夫。他年輕的時候南斯拉夫正在內戰，他因為討厭打仗而跑到歐洲流浪。

「如果你想聽官方版本的話，去 google 就有了，但我猜你想要聽的是別的答案……」喬瑟夫講話每次都這樣子，我揮了揮手表示我要聽他自己的版本。

「從前從前，有一群人在一起生活，有些人是穆斯林，有些人是天主教徒，有些人是東正教徒。雖然彼此有不同的信仰，日子過得也滿辛苦的，不過彼此相處得很融洽、很快樂，就算偶爾有點摩擦，吵一吵、打一打，雙方講開就沒事了。」

他往自己茶杯倒了點熱水，再拿出我完全不敢相信在克羅埃西亞也存在的冬蟲夏草粉，撒了一點到茶杯內，繼續說道：

「然而，有一次，人們又發生了衝突，這次不一樣的是，媒體馬上大肆報導說是基督教跟東正教之間的衝突。從這個時候開始，已經沒人在管誰是誰非了，反正大家都必須要支持自己的民族、自己的信仰……

「用打壓別人的方式支持自己人，永遠都只會造成悲劇，而人們就是喜歡這樣做。於是整個國家瞬間分裂成三個派系，彼此開始互相殺來殺去。你說對方殺了我們很多人所以有罪，於是我們也要去殺掉對方的人，卻沒人想到對方其實也是這麼想的。戰爭越打越慘，死的人越來越多。其他非戰區的村莊也不好受，原本彼此一起生活的居民，瞬間因為自己的信仰而必須彼此敵對，家長開始對小孩說：『你不能跟誰誰誰做朋友，因為他們家是壞人！』搞到最後，這個國家就分成三塊啦！伊斯蘭教的波士尼亞、天主教的克羅埃西亞，以及東正教的塞爾維亞。」

「你信不信，媒體能殺的人遠比子彈還多？」喬瑟夫最後這麼問我。

對我認識的克羅埃西亞人來說，克羅埃西亞跟塞爾維亞的戰爭，並不是兩個不同宗教的民族戰爭，而是兩個同時想要爭奪權力、然後剛好不同宗教的領導人，故意引發的戰爭。

同時，這些我在克羅埃西亞所遇到超過四十歲的男生，幾乎都有一個共通點：都曾經逃過兵。有人躲到島嶼上，有人離開家園在歐洲流浪了十年，有人燒掉自己的兵單跑去當神職人員，也有人裝了五年的神經病，而他現在是個大學教授。

當時一定有許多人痛罵他們是懦夫，棄自己國家於不顧。如果是小時候的我，很可能也會這麼認為，然而，他們卻無疑是當家園只剩一片殘骸的戰後，率先回到家園打拚撐起那個國家的英雄。

「如果沒有軍隊，那要怎麼保護我們的國家？」這是許多人們的觀念，但對我來說，當我們發現自己處在一個領導人將家園當成產品在兜售、軍隊被迫高價向軍事大國購買不能使用的武器來展示，然後這個國家的人還得因為拿著自己的國旗而被逼著公開道歉的社會時，你實在很難說服自己，這個國家會因為軍隊的存在而多了一分安全感。

戰爭就是貪心的老頭們，派遣天真的年輕人去殺害無辜的孩子。（War is greedy old men sending naïve young boys to kill innocent children.）

☆ 應得的報酬

雖然現在過著幾乎不消費的生活，但並不代表我希望每個人都變成這樣。每個人有自己的想法、自己的價值觀、自己的生活經驗，每個人都有自己衡量事情的標準，就像許多人因為認識了集約畜牧下的牲畜被對待的方式，而不願意再購買肉類，然後開始吃素一樣。我不花錢，因為花錢、甚至賺錢，都會讓我良心不安……

為什麼會這樣？人們說他們辛辛苦苦工作，賺自己的錢、花自己的錢有什麼不對？這句話本身沒有不對。問題是出在，當背景是這個該死的平坦世界時，我們賺的，真的是自己「應得」的金錢嗎？

如果說，我們可以賺多少錢的主要因素，並不在於我們做什麼工作，而是在於我們出生在哪個國家、哪種家庭呢？

做著同樣的工作，挪威的工程師一個月可以領臺幣一、二十萬，平常生活在現代舒適、交通便捷的人性化高設計感城市；而印度的工程師一個月可能賺不到臺幣兩萬元，平常生活在落後骯髒、交通忙亂擁擠的危險城市裡頭。

　　人們會說，這兩個地方物價不一樣，所得高的地方消費也高。這就是另外一個重點：所得低的地方消費也低，而我們處在一個人們到處移動的全球化時代。一個歐洲人一個月的薪水，就夠他買一張機票，第二個月的薪水，則夠他在印度、泰國、柬埔寨那些「低所得的」國家，悠悠哉哉的當個半年「皇帝」。

　　但是印度人呢？做同樣工作的工程師，要花多久時間才能存到一張機票？好不容易出了國，那些國家一天的生活費，是他在印度半個月的薪水。憑什麼？

　　為什麼歐洲人總是可以花一、兩個月，甚至整個冬天在亞洲國家曬太陽，而我們這些亞洲觀光團去歐洲的夢幻旅行，往往只有一、兩個禮拜。

　　而且花一樣多的錢！

我們剛好生活在臺灣，一個比上不足、比下很有餘的國家。現在講的，不是因為能力而帶來的收入，不是因為社會貢獻而帶來的收入，也不是因為家庭背景而帶來的收入，是單純因為居住的國家不同，而造成的收入差異。

同樣勞累的工作，有些人的薪水剛好夠他買一棟房子養家餬口，有些人的薪水卻夠他們每年花好幾個月在國外度假，有些人的薪水則搞不好連他自己都養不起。

這正是我們現在身處的世界，一個在不平等條件下，標榜著公平競爭的現實世界。真的公平嗎？

到底什麼樣的人應該得到較好的生活環境？努力工作的人？正常人再努力工作，都比不上那些還存在礦場、漁船和妓院的奴隸們，他們是全世界最努力工作的人，但通常活不到三十幾歲，一輩子沒有被尊嚴的對待過。

對社會有貢獻的人？農夫讓大家免於餓死，人們卻視他們為社會底層；而那些出了一堆書、受盡大家崇拜的股票名嘴，對社會的貢獻又是什麼？.

能力好的人？在臺灣，可能能力前百分之一就足夠上頂尖大學；在中國，能力前百分之一大概只能從村子裡出來考試。

家裡有錢的人？我們都知道，我們生活在一個大家都討厭

權貴、私底下卻拚了命想要成為權貴的荒謬社會，我實在不認為大家會願意接受這樣子。

在屠宰場的日子裡，我曾為此掙扎了好一段時間。如今，雖然已經沒有那麼鐵齒，還是會花錢，我也不介意偶爾賺點小錢，當我完全不在意回報的時候，錢還真的會莫名其妙蹦出來。

我並不是說錢是萬惡的存在，也不是要當那種與世隔絕的隱士。我認為貨幣是很棒的發明，但它絕對不應該是唯一，而且我們絕對有必要重新思考它所造成的災難，並且想辦法解決，而不是認命接受這個一點都不合理的現實。

當我們試著漸漸用「禮物經濟」取代平常習慣的貨幣經濟，免費商店、工具圖書館、共同廚房、搭便車、沙發衝浪、自己種菜送人、修理咖啡廳、共同工作共同生活空間……

二分之一、三分之一、五分之一，到十分之一，如果我們有辦法把生活費降到三分之一，是不是就代表我們可以把錢拿去花在對我們真正重要的事物上？或者，是不是就代表著，我們不再需要強迫自己去做一些比較高薪、但是自己一點都不喜歡，而且也不一定有意義的工作？是不是就代表著，我們可以

有多一點休息時間？或者說，是不是就代表我們可以放心去做我們覺得重要或是真正有興趣但不一定高薪的工作？

如果財富真的完全取決於工作的辛勞程度，
那非洲每一個女人都應該是百萬富翁了。

☆ 饑荒的原因

講到糧食危機，無可避免的大家會想到非洲、印度或是海地的饑荒，希望用一個一個瘦得皮包骨的可憐兒童，來喚起大家對食物的珍惜。但是如果將他們餓肚子的原因全都用一個「窮」字、或是無可避免的天災來敷衍過去，這麼「單一故事的思考」卻是非常恐怖的。這會讓大家忽略掉這些難民為何而窮的原因，然後擅自把他們當作天生可憐的、沒有未來的、比我們低階，好讓我們來發揮愛心去同情的一群人。

如果，我們了解他們為何而窮，就不會為那十億個吃不飽的人感到難過、同情、可憐，而是會對那造成這十億人吃不飽的現實感到憤怒、咆哮。

這些地方的確可能因為土壤貧瘠、乾旱、沙漠化而造成

食物不足，但是多想一點，就會知道這完全只是個自打嘴巴的藉口。幾乎所有饑荒中的國家，百年前都曾經被歐美列強殖民過。為什麼當時他們會被殖民？當然是因為這是一塊新領土，物產豐富又有許多資源，他們才會想要進駐殖民。

　　當時一大堆歐洲學者們，終其一生在非洲、亞洲探索新植物、動物，開開心心的將這些新奇事物帶回自己國家的博物館或植物園展示，這樣的殖民地怎麼樣也不像是個充滿乾旱或是饑民的土地啊？

　　如今這些物產豐富的國家，現在全成了什麼都沒有的第三世界，然後他們把責任都推給天災，說是乾旱造成當地人們沒東西吃，我們要發揮愛心來幫助那些難民，不會有點怪怪的嗎？

　　原本這些地方都是自給自足的，就算旱災也有其他作物可以平衡，不會有太嚴重的饑荒。結果殖民者進來了，除了拿彈珠、拉鍊來「交換」黃金、白銀或是活生生的人之外，砍掉了他們的森林，挖斷了山脈，全面毀掉了他們的農業型態，改成單一的棉花、可可、咖啡、橡膠之類的經濟作物，然後說這樣可以為他們帶來文明的經濟發展……

166

「所以他們種得出東西？那把這些經濟作物賣出去，再買糧食回來就好了啊！這不就是比較利益原則的發揮嗎？經濟學不是都教我們要這樣做嗎？」人們這樣質疑。

這種將經濟作物賣出再買回糧食作物的遊戲，有個先天的絕對不平等：經濟作物不能吃。一個原本什麼都沒有的農民，無論要種什麼，都必須經歷採收前的空窗期，這段時間他沒有辦法養家活口，於是好心的地主或老闆，會先借他一些錢或食物，等他東西種出來、賣出去以後再還給他們。

但是，如果他種的不是殖民者想要的咖啡、可可，地主就不買。農夫即使種了一大堆馬鈴薯，賣不出去他就不能還債，還是死路一條，所以他只能乖乖的貸款，先買了一些糧食來吃。等到收成的時候，由殖民者自己決定收購價格，就連糧食的價格也由殖民者自己決定，因為農夫找不到其他買主。

這就像是你辛辛苦苦種了一整園的玫瑰，然後對方跟你說他要用一塊麵包跟你換，你不換，他可以把麵包拿去賣別人；但是如果他不換，整園的玫瑰根本一點用都沒有！

這樣的殖民遊戲，種下了這些國家苦難的種子。

不久之後，幾個以世界興亡為已任的組織出現了，準備要拯救這些窮國，這些我們都在公民課本中讀過，但卻從來沒有人真的理解這些機構到底在幹嘛。IMF（世界貨幣基金會）鼓勵這些國家刪減教育跟醫療預算，將重點全放在以經濟的力量來拯救這些國家，於是他們需要更大量、專業的種植經濟作物。

　　他們建議農夫們再去貸款買農藥及大型農機，並請世界銀行借錢給他們，讓西方工程公司在他們國家建水壩水庫、自來水工程，順便把水權私有化，好讓農夫有乾淨的水源可以用。而其他不乾淨的水，則為了他們的健康全部封起來不准取用。

　　這些措施的確提升了第三世界的經濟作物產量跟產值，但是農夫們的貸款卻越來越多，收入完全沒有增加。因為造成真正災難的原因根本沒變過：收購價格還是由買家完全掌握。

　　水庫的興建也驅離了許多世代居住在水庫周圍的人民，讓他們只能選擇到都市、礦坑裡頭當等同奴隸的勞工；那些沒被遷離的，水庫也同時奪去了他們原本用來灌溉的水源。或者說，他們在水庫裡有很多水，卻沒錢可以買，於是只好抽取地下水。但大規模化的農場導致地水下用量太大，土壤開始沙漠

化，森林又都被砍光了，就算雨季來也沒辦法保水，於是造成更嚴重的乾旱及饑荒。

在這樣的情況下，這些國家的人民已經完全無法靠自己的能力繼續活下去了，瘦小到無法站立的小孩、虛弱到可能會被禿鷹捕食的饑民、沒有奶水可以哺育小孩的母親……，許許多多恐怖的照片向我們席捲而來。

而我們大部分人所聽到的故事，是從這裡開始的：非洲人好可憐，都沒東西吃，於是善心人士紛紛發起一連串的慈善活動，像是一天十塊錢拯救一個肯亞小孩，或是組團到衣索匹亞發放物資——許多企業帶著球鞋、衣服去捐送，要當地小孩跟他們一起合照，還帶來滿滿基因改造的食物來餵飽他們的肚子，有些偉大的銀行甚至決定降低那些國家的利息。

我們應該為他們所受的不公平、不正義感到憤怒及控訴，而不是為他們的受苦感到同情，嘗試著一些治標不治本的安慰。饑荒的災民最需要的不是援助，而是停止這個囚禁他們過去、現在及未來的經濟模式。

讓那些難民受苦的，不是乾旱、不是饑荒、不是愛滋病、不是瘧疾、不是燃燒的廢氣，更不是因為他們懶散不工作，僅僅是因為他們出生在那個地方，沒有錢，而我們……有錢。

☆ 當警察對占屋者道謝：為什麼社會需要占領空屋

捷克首都布拉格，有一間廢棄了近十年的醫院，2014 年底，一群被稱作反法西斯、嬉皮、龐克、無政府主義或是其他各式各樣次文化標籤的年輕人闖了進去，將醫院占領了下來。

他們將醫院重新整理，清掃、翻修、上油漆，開始在醫院裡頭玩音樂、辦派對，然後住了下來。

政府知道了這件事後，帶著警察跑進醫院，要將他們趕走。「占領空屋是違法的，你們不能住在那間醫院裡頭，這間醫院是屬於政府的。」警察跟他們說。於是占領者被趕出了醫院，大門也重新被封了起來。

然而私底下，卻有幾個警察在事後偷偷跑過去跟他們道謝。

警察到底哪根筋不對，竟然去感謝這些觸犯法律的年輕人？因為那間醫院裡頭原本異常的破爛，窗戶破了、天花板塌了、到處堆滿了垃圾，平常根本沒有人敢過去，然而卻不時會有人跑進去吸毒、販毒，當時就連警察自己都不太敢進去，卻又會被叫來巡邏，對這個地方頭痛得半死。而這群年輕人的出現，讓這間廢棄的醫院變得乾淨整潔，毒販們搬離了這個越來

越多人出入的交易地點，醫院不再像以前那麼恐怖了。

　　對這些警察們來說，因為這群占屋者的非法占屋，竟然讓整個社區變得乾淨整潔，治安變好了，也節省了許多警力資源。所以，警察們跟占屋者提議，不妨試著去跟政府談談。

　　於是，他們號召了世界各地的人們拍照聲援他們，而廢棄醫院所在的社區，正好又聚集了很多支持占屋理念的綠黨人士，所以他們的聲勢越來越大，最後讓政府理解，面對這樣子的閒置空間，讓他們住在裡頭幫他們維護環境跟治安，絕對比放著讓這間醫院變回恐怖的廢墟、鬼屋或是毒品交易所還好得多。

　　於是，2015 年 5 月，也許是因為輿論壓力，也許是因為政府覺得這樣比較省錢，他們決定讓這群人重新搬回醫院居住。

　　聽完來自捷克的沙發客跟我講完這則新聞後，我便將「占領空屋（Squatting）」也列進了「禮物經濟」的清單裡。

　　在克羅埃西亞住了快半年的空屋，我還是花了好一段時間才漸漸理解那群傢伙到底在想什麼。我很確定，在臺灣，「占

領空屋」這個觀念並不會比死刑或是同性婚姻等議題親民多少。

人們因為不理解而批判；人們因為嘗試著去理解而尊重。（People judge because they don't understand. People respect because they try to understand.）

我完全沒有打算讓大家認同或支持占領空屋，現階段，我只希望大家試著去理解他們為什麼會這麼想，理解之後，要支持、要反對都無所謂。

請試著先質疑我們現在的社會，我們不斷告誡還沒進入社會的學生：「你們要用功念書，將來找到好工作、努力賺錢，才能買得起房子，才能過好生活⋯⋯」

然而，等到學生出了校園、進了社會，真的找到了份好工作，他才發現——就算領著令同儕都羨慕的優渥薪水，就算年收百萬，他還是得不吃不喝十幾二十年，才稍微有機會買一個屬於自己的家，一個屬於自己、但是只有每晚下班外食回來單純盥洗、睡覺用的屋子。

我們心裡很清楚，臺灣現在的房價根本就不是一個正常上

班族單單靠「努力工作」就能夠買得起，如果我們都知道這是一個不靠家產、不靠投資、炒股票，根本不會有足夠的錢買房屋的社會，那我們有什麼立場叫年輕人認真工作賺錢？

而且真正嚴重的是，房子貴成這副德性，農地炒作到這種地步，我們都覺得臺灣快被塞爆了，我們以為，我們需要重畫更多的農地變成建地、需要再蓋更多的房子，房價才會降，年輕人才有家可以住。可是擁有世上最高房價所得比的我們，同時卻有全世界數一數二高的空屋率，這一整個不科學啊！

我們有近百萬戶的空屋，平均每五間房子裡就有一間是沒人住的，我們的立委卻一直想要噴水或是用強光把街友趕走。可是臺灣的街友加起來總數才三、四千人。我們在珍貴的農地土壤鋪上水泥，不種糧食，改種起一間間的農舍，接著跑到河谷兩岸去種果樹，將農藥直接沖洗到河川。

我們將那些惱人的釘子戶一個個趕出他們的破爛老家，一間間拆掉，每年十萬戶、二十萬戶蓋新公寓、豪宅和帝寶。可是，新蓋的房子有多少是真的要給「需要」房子的人買的？又有多少其實是要給已經有房子的人準備買第二間、第三間，來租、來賣的？

我們不討論合不合法，我們只在乎正不正確。

占屋者拋棄了所有權的觀念，他們拒絕去擁有房子、擁有土地，開始入侵廢棄的公寓、工廠等無人使用的空間，然後將這些已經不適合人居住的地方打掃乾淨，重新整修、裝潢，把這些廢棄的空間變成他們的工作室、活動空間或者乾脆直接住進裡頭。

這些人的目的，並不只是要找個免費的空間使用而已。占領空屋本身在多數國家都是有法律問題的，如果占領空屋只是想找個地方住，那他們躲在鄉下的空屋裡就好了，幾乎不會有問題，但偏偏絕大多數的占屋（Squat），其實都在非常市中心的地方，很明顯的就是為了要引發爭議，因此當我們現在講占領空屋的時候，指的其實是這種比較偏向社會運動型的占領行動。

他們透過占領空屋、被警察抓、被屋主驅趕，讓人們開始意識到空屋的問題，透過自願性的整修、裝潢，在空屋成立免費商店、免費派對、免費教學及發放免費食物等行為，讓大家發現，比起政府花大錢去維護、打掃那些蚊子館，比起財團蓋

空屋炒房所帶來的經濟發展，這些人們對空屋的非法利用，不但比較省錢，也比較有實質的效益。

　　但也不是所有的占屋者都是我講的那樣，還是有人單純只是想找個不用房租的地方抽菸喝酒而已，我也還是很孬、很懶的沒打算在臺灣占領空屋。不過，我還滿喜歡想像，當這類對社會完全正向的占屋行動出現在我們社會時，會造成怎麼樣的漣漪？

人們憑什麼擁有一片土地？

「合法擁有」對我們來說，其實完全沒有任何說服力，

我們不覺得有誰有資格將這片土地上的樹木砍倒、把動物殺死、

把原住民趕跑，

然後拿著一張他們都看不懂的地契，

跟樹木、動物、原住民說：「我們是這塊土地的合法所有人。」

☆ 沒錢並不會讓人貧窮，
讓人貧窮的，是其他人的富有

　　過去幾百年來，非洲撒哈拉沙漠裡頭的遊牧民族，平常在沙漠裡生活，在各個綠洲放羊吃草，需要錢的時候，他們就牽著羊隻到城市的市集賣掉，這樣的錢，就足夠他們買鹽、買油，或是其他難以自給自足的必需品。

　　後來，外來的企業到了沙漠，突然想到了一個好點子：「在沙漠裡頭游泳是一件多麼酷炫的事情啊！」於是，他們在綠洲旁邊蓋起了游泳池飯店，綠洲的水源瞬間有大半被關進了游泳池內，然後不斷排出垃圾及汙水。遊牧民族的羊隻可以吃的草越來越少，水越來越少，羊隻越養越少，而且越來越瘦。

　　當他們把瘦弱的羊隻牽到城市準備販售時，卻發現城市裡的人們早已習慣吃著千里迢迢從阿根廷或是智利運送過來的廉價羊肉，他們的羊肉價格被壓得好低好低，而日常用品的價格卻變得好高好高。回到家裡，才發現他們已經無法在他們一直以來賴以為生的沙漠裡生活了。他們被逼著去飯店裡工作，或是在觀光景點周圍擺攤、賣手工藝品，騙觀光客的錢。

　　歐美觀光客看到那些在外頭擺攤的遊牧民族，有些人痛斥

這些人怎麼不工作,賣一些專騙觀光客又貴得要死的沒用紀念品;有的則滿懷心疼的高價收購這些紀念品,感嘆他們的貧窮,然後說:「我們應該再蓋多一點飯店,這樣他們才有工作可以做。」

到底是誰剝奪了他們的生存權?誰讓他們貧窮?而誰又在施捨憐憫?

許多人說,臺灣東部因為沒工作機會,所以很窮,沒有競爭力,他們需要蓋飯店,吸引觀光客來消費,當地人才有工作機會,才能夠生存。人們說,我們需要大企業進駐,當地居民才有工作,而大家沒想到的是,要讓當地人賺一塊錢,前提是大企業必須能夠賺上十塊錢,他們才會願意投資。

放遠一點想,當地人的確可以賺到錢,但是跟賺了一大堆錢的企業相比,他們反而越賺越窮。等到回過頭來看,才發現只剩下被毀壞的家園跟環境,以及仍然養不起的家庭。

貧窮一直以來就是相對值,而不是絕對值。

終章：免費的自由

結束了一個學期的交換生活，我離開了克羅埃西亞，離開了這個神奇的屠宰場，離開了這群瘋狂的室友，離開了那些黏人的狗狗們，離開了那張被我當成床的砧板⋯⋯，回到了這個我們稱為現實，但卻越看越荒謬、越看越不真實的文明社會。

　　在臺灣難免會想念那樣的生活，想念半夜在市中心推著購物車翻垃圾、撿家具；想念一早起床到工作室拿個斧頭砍柴升火；想念早上十一點準時到麵包工廠等隔夜的麵包；想念下午到菜市場去跟阿姨們拿賣不出去的那些蔬菜、水果；想念那些沒有電只能點蠟燭的晚上；想念那三臺被十個人輪著用的電腦，還有唯一一個網路 USB；想念那些被我有事沒事拿起來練雜耍的球球和橘子；想念那種用空果醬罐裝紅酒、啤酒痛飲的派對；想念那些因為大家都懶得煮，結果搞到凌晨十二點才有得吃的美味晚餐⋯⋯

　　當然，最想念的還是那群室友，雖然他們講我壞話時，都故意用克羅埃西亞文講；雖然他們常常需要偷偷跟我借錢；雖然那幾對情侶整天在我面前抱著親來親去閃我；雖然他們每次都鬧到四、五點才睡覺，完全不顧慮我這個隔天早上要上課的大學生；雖然他們發現我沒抽過大麻時，所露出的表情非常機車⋯⋯

但我真的好高興、好高興在克羅埃西亞交換的那半年，認識了他們。

偶爾會聽到有人說：「克羅埃西亞有 squat 耶！有空一定要去見識見識。」

我聽到時其實還滿尷尬的，因為這間屠宰廠 squat 只有兩歲，全歐洲應該沒有幾個比它還年輕的空屋了。雖然我個人非常喜歡這個地方，但我很確定它絕對不是最成熟的，也不是最值得參觀的。

現在臺灣人已經成了這間屠宰場除了克羅埃西亞和塞爾維亞人以外最大的訪客團了，這不是不好，他們也很喜歡有人來玩，但是這絕對不是什麼克羅埃西亞的特產，這個玩笑跟現實差太多太多了。

西班牙、義大利或德國，到處都是數十年甚至上百年的空屋組織，丹麥的自由城（Cristiania）則已經變成觀光景點了，這邊的人偶爾會跟我說一些其他地方的案例，有些規模真的龐大到幾乎可以稱作地下政府了，有些則像電影《鬥陣俱樂部》裡面那樣，規畫著有點荒謬的反抗活動。

而在克羅埃西亞這邊呢？也許他們的想法跟我比較接近

吧！這些人只是想要嘗試證明，在現有體制外的生活方式是可行的，而且他們還真的過得很開心，只是想要給正在被現有體制奴役著的人們提供一個選擇，絕大多數的人之所以願意繼續待在他們討厭的生活模式裡，不是因為他們真的喜歡那樣，而是他們不知道自己還能怎麼辦。

一味的謾罵資本主義，基本上不會有任何實質的效益。大家都知道它爛，但如果硬生生把它毀掉，這樣的做法其實只會造成更大的傷害。如果出現一個可以讓人們自由選擇去向的方案，當越來越多人不再依賴資本主義，那它就會慢慢被淘汰，這樣便可避免歷史上每次革命後都會造成的恐怖黑暗時代吧！

☆ 無關旅行，生活爾爾：為期兩年的環島

之前在國外旅行時，常常遇到一些從沒來過亞洲的外國人，他們對來自臺灣的我感到非常好奇，但我卻想不到什麼真正值得跟他們分享的東西。當我驚覺到，那很可能是他們這輩子唯一一次可以接觸到臺灣訊息的時候，我感到非常的慚愧。

因此我對自己說，下次出國之前，我必須先在臺灣旅行一段時間，多了解這個地方，之後出國才有比較多的東西可以

介紹給別人。我想像自己一邊在臺灣各地分享克羅埃西亞的故事，一邊蒐集臺灣的故事，之後就可以到國外去分享臺灣的故事，然後去學習世界各國的文化與技藝。

回到臺灣後，許多人聽到我分享的故事及計畫之後，雖然覺得神奇，但仍語重心長的對我說：「那是在國外，在臺灣不能夠這樣子，臺灣沒有垃圾桶給你翻，禮物經濟也不可行，你要面對現實，乖乖找個工作，努力賺錢才對。」

我了解他們所說的社會現實，但對我來說，真正的現實是——我們房子越蓋越多，有房子住的人卻越來越少；我們食物越生產越多，挨餓的人和肥胖的人卻還是越來越多；我們科技越來越發達，但是人們卻沒有過得比較輕鬆；我們消耗了那麼多資源、傷害了那麼多動物、剝削了那麼多工人，卻理所當然地認為生活就該如此……

在我眼裡的現實，是我們大家都在一列失速的火車上，正疾速往前方的懸崖衝去，車廂中人們眼裡的現實，卻是在這列火車上找一個舒適的位置坐下來。

我真的想要改變這些我不能接受的現實。這跟善意無關，這純粹只是理解現實以後的理性行為。

我開始嘗試著向湯米那樣，用禮物經濟的方式在臺灣過生活，試著無條件的去做任何我做得到的事情，也許是去餐廳洗碗、在農場拔草，或是在部落、學校幫學生課輔或分享故事。同時，不斷的在臺灣搭便車，記錄車主們的故事，並開始白吃的野餐，以及「沙發客來上課計畫」。

　　當然，我其實一點都不嚴格，還是會花錢，也還是會賺錢，只是遠比一般人想像中的少而已。很怕自己成了別人眼中的苦行僧，我並沒有想要自討苦吃，或是為了環境社會犧牲的心情，而是真的覺得這樣子的生活方式，讓我覺得比較自由、輕鬆，我希望這樣子的生活方式，是真的能夠吸引其他人嘗試的。

　　我莫名其妙成了大家所謂的講師，在各地分享禮物經濟的故事，我並不是個善於說話的人，但我真的覺得那些故事對許多人來說是重要的，所以盡可能去多講、去練習，有沒有車馬費我都樂意去。我也許不是一個厲害的講者，但我猜我應該會是臺灣唯一一個到處搭便車去分享的講者吧！

☆ 沙發客來上課計畫

2014 年，我在雲林大埤國中服替代役。那一年，我們邀請了將近二十個來自超過十個不同國家的外國人，來我們學校跟學生們互動。

這些外國人有來自瑞典的企業家、西班牙的惠普工程師、法國的針灸師、日本的街頭藝人，還有烏克蘭的職業旅行家……等，這些人不是老師，但卻有著連外籍老師都不一定比得上的人生經歷。

那我是從哪裡找來這些有趣的人呢？我用「沙發衝浪」在各地旅行，同時，我也在家裡接待世界各地的旅人。

「沙發衝浪」的核心從來就不是免費住宿，「沙發衝浪」之所以令人如此著迷，是因為它讓我們有機會去結識一群完全不同文化的人，讓我們有機會體驗不一樣的生活與文化，並教會我們許多老師、課本和學校都不會提到的東西。

大埤國中這邊的學生，平常沒什麼機會接觸到外面的世界，對未來的想像往往也都非常狹隘，你問他們將來想要幹嘛，得到的答案往往不是農夫、就是開卡車送菜，或是在附近的加工廠工作。在這樣的情況下，他們的英文根本學不起來，

這不是老師教得不好或他們比較笨，而是在他們眼裡，這些東西根本一點用都沒有。

他們根本不知道學這個要幹嘛！

但是，我們也不是讓這些外國人來教英文的，絕對不是！你根本不可能用一、兩個小時的時間，就能把一個人的英文教好，即使那個人的英文再厲害都不可能。更何況我們邀請來的這些外國人，絕大部分都不是來自英語系國家。

那他們來幹嘛？

我們其實就只是讓這些外國人跟學生聊天、講故事、一起打球、一起畫畫、一起玩，這樣就好了。我們的主要目的，就只是要讓這些學生對外面的世界感興趣。如果一個學生想要跟一個外國人做朋友，想要去跟他溝通、聊天，然後發現「挖奈欸聽攏嘸」的時候，他才會知道學英文要幹嘛。

如果他今天有了一個外國朋友，他就會想要去了解他們國家的文化跟歷史，他才會知道學國外的地理和歷史有何用處。

當學生們聽了外國朋友分享他們國家的故事後，他們也會想要跟外國人分享我們自己的東西，那個時候他們才會知道，我們為什麼要了解自己的文化。

　　臺灣學生需要的，並不是更好的師資、更多的書籍、更高級的設備或是更多節的補救教學，他們真正需要的，只是學習動機而已。

　　如果學生不想學，我們提供再好的師資、設備、補救教學都沒有用，因為他們根本學不進去。反之，如果學生想學，就算什麼資源都沒有，他們也會自己想辦法去學，不是嗎？

　　對於這些沙發客，我們又能帶給他們什麼？為什麼他們願意特地跑過來學校，免費跟這些學生分享？

　　這是一個連多數臺灣人都不太會來的小農村，這裡沒有壯麗的景點，也沒有特殊的美食。但是，這就是臺灣真實的原貌，這是一個完全沒有經過雕飾、最平凡的臺灣。他們來這邊，可以看到臺灣最平凡的學生平常是怎麼生活的，然後一起吃最平凡的營養午餐，這種日常生活才是真正吸引他們的文化。

　　所以，當我們詢問這些外國朋友對臺灣印象最深刻的地方時，聽到的往往不是阿里山、日月潭或是一些看不懂的寺廟，他們印象最深刻的，反而是在學校裡跟學生分享自己的故事、吃學生們最討厭的營養午餐，或是中午的時候到走廊偷窺傳說中會趴在桌子上睡覺的臺灣學生。

也許我們來自不同的國家，有不同的文化和不同的工作，但我們都曾經是學生，曾經度過那些懵懂又迷惘的慘澹歲月。

　　「想一想，我相信當你們出去旅行後，一定會發現很多事情是你希望自己在學生時期就知道的，來學校跟學生分享這些事吧！」我對他們說。

　　現在，我退伍了，開始在臺灣各地環島，在各地介紹那些沙發客跟學生的故事，我正嘗試著建構一個給外國沙發客的導覽地圖。我想在臺灣每個縣市都找一個比較偏鄉的點，也許是學校、書屋、教會或是共學團，讓這些不想只是去罐頭觀光行程的旅人們，可以有一點比較不一樣的行程。

　　同時，我也連結在各地的人，有些人可以幫忙接待住宿，有些人可以幫忙翻譯，有些人則可以帶導覽。在「沙發客來上課計畫」裡，接待到有趣外國人的沙發主，會將他們信任的沙發客介紹給各地的學校，當沙發客到學校分享時，我們也會邀請有興趣的地陪，跟他一起到學校幫忙翻譯，並協助沙發客安排他可能需要的接待家庭。

　　目前，我並沒有打算把這個計畫做大，每一個縣市一、兩個點對我來說就很夠了，我只是要自己成立一個不大不小的網路，去連結信任我跟我信任的人，因為我看過太多把事情搞大

後就控制不了壞掉的案例。不過這不是只有我才能做的事情，任何人都可以自己做。

歡迎有興趣參與或是幫忙的人跟我聯絡，可以是學校，可以是老師，也可以是有興趣當翻譯、導覽或是接待家庭的人。

每次，當我們談到人口老化的偏鄉時，大家想到的總是更多的開發、更多的建設、更多的資金下來吸引更多的觀光，促進更多的消費……可是往往卻只換來更多的破壞，真的只能這樣嗎？

我想嘗試的，是一種不需要投資、也不需要成本，對任何一方來說都是獲益的模式，讓來臺灣旅行的沙發客，在各地都有機會體驗當地的生活，也讓各地的學生和居民有機會接觸不同的世界，一邊吸收不同的想法，一邊藉著對外國人分享，來鞏固自己的在地文化。

旅人對在地的貢獻，絕對不是只有消費而已。

☆ 更少的資源，更好的生活：白吃的野餐

也許，身處在都市的我們都曾經歷過這種事，回家前難得想要開伙煮飯，買了食材回來，才發現上次煮剩的同樣食材還在冰箱裡，卻已經不能吃了。

或是一時興起想要做個蛋糕、餅乾，跑去買了一大堆材料嘗試過以後，才發現這輩子可能就只做那一、兩次。

很少有人會覺得自己是浪費食物的人，但被浪費的食物往往不只是吃不完丟掉的廚餘，還有買回來卻沒機會被料理的食材、送上貨架卻沒機會被購買的、生產出來卻沒機會被採收的蔬果……

被浪費掉的不只是食物，還有生產食物所消耗的水和肥料，運送食物所消耗的石油、加工食物所需的人力、保鮮所需的電力，以及購買食物所需的金錢……

食物如此，東西也是。

大多數的人都覺得我們工作很辛苦，房價很貴，物價很貴，錢很難賺，但在此同時，卻花了一大堆我們辛苦賺來的錢，

去買我們可能根本用不到的東西，拿來堆在租金貴的嚇死人的
房間裡頭占空間。

要改變這個世界，其實並不一定需要花錢。

當我從克羅埃西亞回來之後，不斷地有人問我要不要在臺
灣占領空屋？要不要去翻垃圾桶 Dumpster Diving ？但我完全
沒有想過要衝到空屋裡頭，三餐翻別人丟掉的食物來吃，這樣
子要面對的社會壓力太大了。

我想跳過 Freegan，直接進入禮物經濟，我想在臺灣各地
推廣並成立免費商店，對我來說，這是一個非常有效而且幾乎
沒有成本的方案。但是在臺灣，要找一個空間做這種不會賺錢
的事情談何容易，更何況，免費商店的核心並不是空間本身，
而是理解這個概念的民眾。

所以，我們開始嘗試著先在各地舉辦白吃的野餐，顧名思
義，就是邀請大家來白吃白喝的野餐活動。我們會視情況在現
場設置下列各種攤位（有的時候就混在一起）：

1. 共享糧倉：請帶家裡吃不完的食物過來跟大家分享；
2. 無價書攤：請將不會再看的好書帶過來，在背後簽名留言，然後擺上來；
3. 免費商店：衣服、包包、鍋碗瓢盆或是玩具都可以，覺得占空間就帶過來，會有集散地也歡迎自行占地擺攤，沒送完的記得帶回家；
4. 語言交換區：來跟阿斗仔抬槓；
5. 音樂 Bar：歡迎坐下來一起唱歌一起 jam，一起聊音樂；
6. 故事 Bar：一起喝飲料、挑照片、聽故事。

　　就算沒東西貢獻也是可以來，我們也期待能夠吸引路人的駐足，並邀請他們來免費商店，一起吃點心，一起唱歌。我們不要參加者特地去買東西過來，家裡有用不到的、吃不完的再帶來就好，現場不准有任何現金交易，基本上連物質間的交換我們都不太建議，希望盡量是以無條件、送禮物式的付出讓資源流動，我們絕對有辦法用現有或是更少的資源，過更好的生活。

　　也因為通常都是在公共場所，所以我們也會事先要求參加的民眾，把場地整理得比我們到來前還乾淨。

「你們做這個不行啦！人家國外比較開放、比較進步，人民素養比較好，臺灣人才沒有那種觀念咧！」有個阿姨聽我們介紹時，這麼跟我們說。

當然，這類各式各樣的質疑一樣會出現：「如果有人吃壞肚子怎麼辦？」、「有免費的食物，大家不就都不去買了？」、「這樣只會讓流浪漢都擺爛不要工作就好啦？」……

這些都是很好的問題，我們也是為了對不了解的人解釋這些疑問，才會舉辦這種不定期的「白吃的野餐」。

「白吃的野餐」這個活動，打從根本就不是要幫助弱勢或是需要的人，甚至也不是真的要讓資源重新分配，我們不可能每天都不斷的舉辦「白吃的野餐」。這個活動的目的，只是要透過這種短期、遊戲性的活動，讓不了解免費商店這種禮物經濟的人，有實際體驗的機會，我們不是要直接找一個地方辦免費商店或是食物分享櫃，而是先得有一群了解這些理念的人存在，這些東西才運作得起來。

然而，我真的非常不喜歡聽到大家動不動就把臺灣人全部

歸到一群無可救藥的自私鬼，好像外國人就是天生比較好，臺灣就只配這麼爛而已。

為什麼國外的企業比較體恤員工？為什麼國外的法律比較保障人民？員工福利是員工罷工遊行、流血流汗拼出來的，法律是民眾請願抗議、流血流淚拼出來的。這些東西不是整天抱怨臺灣很爛、沒救了，嘲諷那些嘗試想要改變的人，然後什麼事情都不做，幻想著將來有救世主出現，就能瞬間改變一切的東西。

「白吃的野餐」不一定能帶來太大的改變，也許會有許多我們無法解決的問題，不過反正我們不會投資任何成本在做這件事情上，因此「白吃的野餐」也不會有什麼失不失敗可言。

況且，當我們看到大家很單純的只是想要讓食物、東西及書籍能夠有機會被利用到；看到大家不好意思的拿起東西問：「真的不用錢嗎？」

然後看到對方非常開心的說：「當然不用錢，只要你用得到都歡迎拿走！」；看到大家熱切的想知道自己到底能付出什麼，並為此感到開心驕傲；看到大家無條件想要幫助別人、讓別人開心……

　　我會想對心裡頭那個被新聞媒體恐嚇慣了的內心說：「你看看！這個世界才沒那麼糟糕，是不是？」

　　你看吧！這個世界才沒有那麼糟！

Come on the world is not that bad ！

☆ 免費商店計畫

「人類被創造出來，是為了要被疼愛；東西被創造出來，是為了要被使用，這個世界之所以混亂如斯，正是因為我們把東西拿來疼愛，卻把人類拿來使用。」

我們生在一個大家都覺得工作很辛苦、錢很難賺、東西很貴、房價更貴的社會，但同時，環顧我們自己家裡，有多少我們之前花錢買來，如今卻根本沒在用的東西，長期被閒置在一旁，占據了一塊我們花大錢買來、租來的生活空間。

我們希望有一個空間，能讓人們分享多餘的東西，而不是只能丟到垃圾桶；我們希望有一個空間，能讓人們重新珍惜那些被閒置的資源，減少不必要的消費；我們希望有一個空間，能讓原本相互築起高牆將自己封閉的都市人們，有機會接受其他人的單純友善的幫助；更重要的，讓他們有機會當個能夠提供幫助的人。

所以，出現了免費商店。

※ 免費商店簡介：

免費商店是一個讓資源得以自由流動的空間，大家把自己用不到的東西當成禮物送到免費商店來，不求任何回報，只為了那個東西有機會被重新使用。大家來到免費商店尋找自己需要的東西，不需任何代價，只要好好珍惜那些東西，就是最好的回報。

免費商店不是企業，它本來就不是用來賺錢的；

免費商店不是社會企業，基本上也不需要營運成本；

免費商店也不是慈善單位，它不依賴捐款，也不關注特定弱勢；

免費商店是由參與者共同經營，任何人都能在這個空間提供自己的貢獻，好讓這個空間持續運作下去。

※ 免費商店守則：

守則一、參與前請先了解免費商店；

守則二、免費商店的物品，以空間管理人認定的範圍為主；

守則三、留下你用不到的，帶走你用得到的；

守則四、不需要交換，用得到就歡迎帶走；

守則五、請放你覺得會有人想要的東西；

守則六、免費商店不是讓人們解除罪惡感的垃圾場；

守則七、免費商店由所有支持免費商店裡念的參與者共同維護；

守則八、免費商店沒有絕對的守則，實際運作模式以空間管理人規定的為準。

※ 免費商店計畫：

免費商店可以以任何形式，出現在任何地方。目前多以咖啡廳、書店、教室、辦公室或是社區活動中心為主，可能是一個房間、一個櫃子或只是一個箱子皆可。

我們想要做的，並不是一間非常巨大，什麼東西都有的免費商店；我們想要做的，是在社會各個角落，成立無數個小小的、走路就能到的免費商店。

只要有相同的概念，任何人、任何單位都可以用自己的方式，在任何地方成立免費商店或是舉辦免費市集。

我們絕對有辦法用更少的資源，過更好的生活。

※ 常見Ｑ＆Ａ：

Ｑ１：這是以物易物嗎？

Ａ：不完全是，我們接受交換，但也歡迎任何人直接將用得到
的東西帶走；我們也不會因為你放了一個東西，就逼你拿走一
樣你不需要的東西。

Ｑ２：沒東西提供可不可以拿？

Ａ：可以，那些東西放在那邊就是要給人們用的。

Ｑ３：真的不用錢嗎？

Ａ：免費商店裡的東西都是免費的，但是如果你喜歡這個空間，
歡迎用你自己的方式提供你做得到的事情，例如幫忙打掃、整
理，補貼水電費等等。

Ｑ４：任何人都可以拿東西放東西嗎？

Ａ：只要理解免費商店的理念，任何人都歡迎一起參與，但請
試著了解一下免費商店，我們不希望人們在離開免費商店後，
仍然是個陌生人。

Q5：我可以拿去給別人嗎？

A：當然可以，我們也希望你順便跟他解釋這個東西是怎麼來的。

Q6：要怎麼避免某些人把東西拿去賣？

A：如果來免費商店拿東西、放東西的都是我們認識的人、我們的朋友，就不會擔心他會亂丟垃圾或是把東西拿去賣，所以我們會希望讓大家在了解免費商店的理念及認識那個空間以後，才讓他參與。

Q7：東西太多了怎麼辦？

A：空間管理人可以限定放東西的數量，或是掛上「只出不進」的告示牌，等到東西變少以後再將牌子拿下。

Q8：為什麼不捐給慈善團體？

A：免費商店的成立宗旨，不是要激起大家的愛心，也不是要關心特定族群，只是想讓東西被好好利用而已。我們歡迎有需要的慈善團體來拿，但是我們不會「要求」他們接收我們不需要的東西。

Q9：你們是什麼單位？

A：我們不屬於任何一個單位，我們只是一群在各地有著類似理念，關心環境，不喜歡浪費，並相信我們可以用更少的資源過著更好生活的人們。

※ 臺灣各地類似理念的地方：

地點	名稱	類型
臺北	無我髮廊	免費商店 / 剪髮換物
臺北	Missgreen	免費商店
臺北	白象野曝	免費市集（兩個月 / 次，大安森林公園）
臺北	南機拌飯（人生百味）	共享糧倉 / 剩食餐廳
臺北	找路咖啡	共享糧倉
臺北	臺北無價市集	免費市集（二二八公園）
新北	新店免費市集	免費市集
新北	雙和免費市集	免費市集
宜蘭	小間書菜	共享糧倉（冰箱）
新竹	樹匠創意蔬食	免費商店
新竹	清大綠市集	免費市集
新竹	公會堂 Ya 市集	免費市集

（下一頁還有哦！）

地點	名稱	類型
新竹	十二寮免費商店	免費商店
臺中	南屯咕咕	免費商店
臺中	七喜廚房	剩食餐廳
臺中	大慶聖教會	共享糧倉
臺中	靜宜大學社企小舖	免費商店
臺中	木巷咖啡	免費商店
臺中	大同國　共好基地	免費商店
埔里	暨大零元市集	免費市集
臺南	新營免費商店	免費商店
臺南	麵包樹工作室	免費商店
臺南	鹿耳晚晚早午餐	免費商店
高雄	高雄高工	免費商店
高雄	有間書店（美濃）	免費商店
高雄	鳳山樂齡中心	免費商店 / 共享糧倉
屏東	藝文樓	免費商店
花蓮	廢在這背包客棧	免費商店
花蓮	花蓮免費市集（好事集）	免費市集
花蓮	你丟我撿在東華	免費市集
臺東	臨海小宿舍	共享糧倉
臺東	迷走，回家	共享糧倉

對免費商店的概念有興趣想了解更多的，

歡迎上「﹛空屋筆記﹜—免費的自由」粉絲專頁及部落格。

﹛空屋筆記﹜—免費的自由

・ 粉絲專頁：https://www.facebook.com/noteinruin

・ 部落格：http://noteinruin.blogspot.tw

粉絲專頁   部落格

空屋筆記——免費的自由

作　　　者／楊宗翰
封 面 設 計／秋葵
美 術 編 輯／孤獨船長工作室
責 任 編 輯／許典春
企畫選書人／賈俊國

總　編　輯／賈俊國
副 總 編 輯／蘇士尹
資 深 主 編／吳岱珍
編　　　輯／高懿萩
行 銷 企 畫／張莉滎・廖可筠・蕭羽猜

發　行　人／何飛鵬
出　　　版／布克文化出版事業部
　　　　　　臺北市中山區民生東路二段 141 號 8 樓
　　　　　　電話：(02)2500-7008　傳真：(02)2502-7676
　　　　　　Email：sbooker.service@cite.com.tw
發　　　行／英屬蓋曼群島商家庭傳媒股份有限公司城邦分公司
　　　　　　臺北市中山區民生東路二段 141 號 2 樓
　　　　　　書虫客服務專線：(02)2500-7718；2500-7719
　　　　　　24 小時傳真專線：(02)2500-1990；2500-1991
　　　　　　劃撥帳號：19863813；戶名：書虫股份有限公司
　　　　　　讀者服務信箱：service@readingclub.com.tw
香港發行所／城邦（香港）出版集團有限公司
　　　　　　香港灣仔駱克道 193 號東超商業中心 1 樓
　　　　　　電話：+852-2508-6231　　傳真：+852-2578-9337
　　　　　　Email：hkcite@biznetvigator.com
馬新發行所／城邦（馬新）出版集團 Cité　(M)　Sdn.　Bhd.
　　　　　　41, Jalan Radin Anum, Bandar Baru Sri Petaling,
　　　　　　57000 Kuala Lumpur, Malaysia
　　　　　　電話：+603- 9057-8822　　傳真：+603- 9057-6622
　　　　　　Email：cite@cite.com.my
印　　　刷／卡樂彩色製版印刷有限公司
初　　　版／2017 年（民 106）1 月
售　　　價／依封面標示為主
Ｉ Ｓ Ｂ Ｎ／978-986-93792-9-8

城邦讀書花園　布克文化
www.cite.com.tw　www.sbooker.com.tw

楊宗翰 / 2016, 12, 26 / 書是拿來看的，不是拿來收藏的。